가시면 꽃을 기다리며

엄환섭 열두 번째 시집
가시연꽃을 기다리며

초판 인쇄 2025년 7월 20일
초판 발행 2025년 7월 25일

지은이 엄환섭
펴낸이 홍철부
펴낸곳 문지사

등록 제25100-2002-000038호
주소 서울특별시 은평구 갈현로 312
전화 02)386-8451/2
팩스 02)386-8453

ISBN 978-89-8308-611-2 (03810)

값 14,000원

ⓒ2025 moonjisa Inc
Printed in Seoul Korea

*잘못 만들어진 책은 본사나 구입하신 서점에서 교환하여 드립니다.

엄환섭 열두 번째 시집

가시연꽃을 기다리며

문지사

시인의 말

열두 번째 시집을 내면서

시가 무엇인지
해마다 날마다 나에게 매를 때리고
나와 무슨 상관이 있다고 또 인연이 있다고
내 문턱을 서성이며 돌아섰다가 다시 다가오고
아득한 곳 저 높은 하늘의 차가운 이마 언저리에서
내 마음이 어두우면 어두울수록 더 푸르게 빛나는
별처럼 나에게 다가와 널 펼쳐보는 마음 갈피들
아이 울음을 울다가 아이 웃음을 웃기도 한다
보랏빛에 흔들리는 무희의 춤도 아니고
서투르고 느린 나를 또 사유하는 듯하다
날마다 내 머릿속을 비워놓은 여백은 항상 있어
두 눈을 질끈 감고 두 귀를 활짝 열어
세상 안쪽이건 세상 바깥쪽이건
무엇을 찾으려 하고 무엇을 쓰려고 한다
살면서 억새의 목울대 하늘 높이 세워 울고 싶은 날도 시를 쓴다

흐르는 구름의 시간 뜨거우면 시가 오겠지도 생각한다
어둡고 초라했던 혼자만의 시간들도 시라는 이름으로 달려와
내 안에 잠든 노래를 불러낸다
무엇을 향해선가 끝없이 손짓하는
내 속에 그 무엇이 왜 그리도 많을까.
시집이 11권이나 되도록 말하고 말해도
또 말하고 싶은 말이 많이 있기 때문이 아닐까.
언어의 나무에 언어의 이파리가 그리 많은 것도 진기한 일인 듯하다
내 속에 번뇌가 일렁이고 있는 한 내 속에 또한 시는 있을 것이다.
나의 또 한 권의 시가 독자에게 알 수 없는 향기가 되고
메아리가 되길 바라면서
점점 달아오르는 햇살을 피해
가지 많은 깊은 나무에 어깨를 기대어보면서

시 너는 늘 오리무중

• 차례 •

| 시인의 말 |
열두 번째 시집을 내면서   4

제1부
가시연꽃을 기다리며

가시연꽃을 기다리며	10
나는 화분 속의 꽃	12
수선화의 말	16
물망초 1	18
물망초 2	19
동백꽃	20
장미	22
안개꽃	24
참깨밭에서	26
감자	28
무화과	30
강아지풀 1	32
강아지풀 2	35
꽃피는 창포원	36
마지막 잎새	38
풍경	40
울음소리	42

복숭아뼈	44
그늘의 계시	46
가야금	48
아주 높은 곳	52
달이 눈썹을 셀 터이니	54
석굴암의 불상	56

제2부
어머니는 무화과 숲

어머니는 무화과 숲	60
우리 집 아침	62
그대 목소리	64
선잠 터는 주방에는	66
고봉밥	68
절구통	70
임신한 냉장고	72
옥탑방	74
캄캄한 복도	76
골목	78
우리 집은 허공 절벽	80
손을 바라보며 발을 바라보며	82
개구리 극장	84
명중의 과녁	86
일방통행로	88

빛의 교통체증	90
한 평 천국	92
해벽	94
오늘은 어디 가서 갈롱 지겨 볼까	96
별의 노래	98

제3부
세상 바람

세상 바람	102
하늘이 보이지 않는다	104
오늘 날씨 맑음	106
내 안의 난청	109
새장 속의 새	112
거울 속에는	116
나를 견딜 수 없네	118
알려졌으니까 모두가 알게 되었다	120
내 눈 속에 날 세우다 날 죽이다	124
꿈을 꾸는 물고기는 죽어서도 눈을 감지 않는다	126
시를 생각하면서 왜 씨로 쓰고 있냐고	128
배고프다 썼는데 배가 아팠다로 썼다	130
쥐구멍에도 볕들 날이 있다	132
해변에 왔는데	136
역에서	140
천사대교	142
황혼의 시	144

제 1 부
가시연꽃을 기다리며

가시연꽃을 기다리며 • 나는 화분 속의 꽃 • 수선화의 말 • 물망초 1 • 물망초 2 • 동백꽃 • 장미 • 안개꽃 • 참깨밭에서 • 감자 • 무화과 • 강아지풀 1 • 강아지풀 2 • 꽃피는 창포원 • 마지막 잎새 • 풍경 • 울음소리 • 복숭아뼈 • 그늘의 계시 • 가야금 • 아주 높은 곳 • 달이 눈썹을 셀 터이니 • 석굴암의 불상

가시연꽃을 기다리며

손님으로 이곳에 온 나는
한 잔의 술을 마신 죄로
봄은 슬픈 날이 될 수도 기쁜 날이 될 수도 있지만
이곳에 감금당하고 싶다 가시라는 이름으로
묵비권을 행사할 수도 있고 발을 동동 구를 수도 있다
시간은 어디에서나 흐르는 것
울음보다 더 슬프고 웃음보다 더 기쁜
빛의 식물이며 여름의 꽃인
아름다운 내 사랑 가시연꽃
매일 뿌리 깊이 내리고 싶어
햇살을 기껏 구름 몇 장으로 감추려 했다
낙엽 몇 장으로 덮으려 했다
꽃이 오기 전 내 저렴한 생은 괴롭다고
한 번도 고백하지 못하고
바람에 끝없이 펄럭였다
둥근 방석 같은 함지 배를 탄 나는
물과 배와 나는 한 몸

꽃과 가시와 나는 한 몸
약속은 하지 않았지만
한점 혈육들도 시들어 죽었지만
오늘 꽃피는 나는
칙칙한 옷가지들 벗어 던지고
흰 눈물 흥건한 모진 사랑에 빠져
바람과 물소리 즐비하게 부풀어 커가는 소란 속에
나는 가시연꽃 하루 만에 붉게 떨어져 죽어도
붉은 눈 더 부릅뜬다
물속에 빠져 죽을 이 작열한 불꽃
혹은 토해낼 것도 많은 시간들
참 애틋한 생을 수많은 가시로 피가 나도록 비벼댔다
산 중턱 에둘러 싼 달이 불을 밝힌다
비 몇 방울에 열리는 세상도
고작 소주 한 잔에 열리는 사랑도
꽃을 보고 있으면 기분이 좋아진다

나는 화분 속의 꽃

화분 속에
내 흰 발이 내려왔다
거친 땅이 부드러워지도록 흙을 두드렸다
꽃나무를 둘러싸고 사각사각 깎여 나가는 소리가
연필 깎는 소리처럼 재잘거렸다
내 흩어진 시간을 변명뿐인
나를 모두 긁어모았다
화분 속에서 속살이 내리도록
내 안의 가려운 잎들은
재채기하며 움찔움찔 어깨를 흔들며 머리를 숙이기도 했다
나는 꽃나무 흰 무릎이 인상을 찌푸린 날도 많았다

어머니의 당부가 이해될 무렵
책상에 앉은 소녀는 눈이 벌겋다
나는 소녀

쏟아지는 빗소리
감금된 빛의 담금질 툭탁툭탁거리고
아!
변태점은 어디인가 또 해산일은 언제인가

진화하는 시간이 화분 속으로 질주하고
사각사각 연필을 깎는 소녀의 발걸음 소리는
멀리 사라졌다
변명도 사실도 흩어지고 모여드는 전화기 속에서
매일 당신 이름을 부른다

화창한 날씨
눈부신 창문
화분 속을 산책하는 반짝이는 나 반짝이는 두 꽃 두둑
걸친 옷보다 더 두꺼운 호주머니에 강물이 출렁거린다고

고백한다
아, 나도 내가 아닌 모습으로
내 어두운 장기들까지도 꽃의 도형만으로 그림을 채워나가고 있다
고백한다
나도 사랑으로 충만한 꽃을 피우고 싶다
똑딱똑딱 조는 별을 빨리 깨우고 싶다

부끄러워 숨기만 하는 화분 속에서
두 개의 꽃 두둑이 솟아오른다
너무 솟아오른 두둑 속에
빨간 알몸 하나 몸을 찢고 있다

배가 출렁일 때마다 이쪽저쪽 갈라져 불타오르고 있다
붉은 대문 파란 대문 열리고 있다

화분 속에서
힘들다 힘들다는 말을 들었을 때
청진기를 들던 손이 내 속으로 들어왔다
나는 안도했다
발등에 내려앉은 일출은 반짝이고
앙앙! 아기 울음소리 편안하다
툭탁툭탁 내 몸을 깎는 소리에
화분 속에서 꽃이 놀라 피어났다

열 달째 내 속으로 옮겨붙은 불이
꽃나무에 타오르고 있다
필사적으로 울타리 안에서 울타리 밖으로
앙앙! 아기 울음소리 왈칵 쏟아져 나왔다

수선화의 말

공중의 중심은 공중
물의 중심은 물
물레의 리듬까지 기억해야 아는
참, 능숙한 솜씨로 돌고 있다
언젠가 한데 어우러진 기울임의 점잖은 모양들
네 꽃 속에 네 얼굴을 묻고
내 마음속에 내 조용한 땅에 네 상앗빛 입맞춤을 하면 따사롭다
이상하지 충분히 안타까워하면서
너를 보고 있는 내 사람이 있다는 게 사랑이 있다는 게
공중에 난이도 높은 호리병 같은 목이 긴 꽃을 만드는 건
순간의 부드러움과 긴 호흡이 꼭 필요할 것이다
꽃을 더 훌륭하게 만들어주는 것은
죽음까지도 불사르면서 고운 머리를 숙이는 일일 것이다
땅도 이슬도 하늘도 달랠 줄 알아야
자라는 속도만큼 머리를 숙이는 법을 아는 것
온 누리 가득 수선화가 피었다

여기저기 바람이 부는 대로 와서 물결이 치는 대로 와서
참 상앗빛 꽃 피는 것은
그것은 빛의 꽃이며 바람과 물의 꽃이기 때문일 거야
상앗빛 네 꽃이 어두운 내 마음을 밝게 비출 수도 있을 거야
산속에 구름처럼 바람처럼 방황하다 터지는
황금빛 수선화 무리
풀과 나무의 집에서
세상을 내리치는 꽃향기 홍수 속에서
허리를 굽혀야만 이것이 네가 길이라는 것을 너는 어떻게 알았을까
꽃피는 4월이나 5월이나 미풍이 한들한들 춤을 춘다
수선화꽃 한 송이 두 송이 줄을 서서
쓰러질 듯 일어서며 일어설 듯 쓰러지며 춤을 춘다
나도 꽃 속에 내 흩어진 눈동자를 끼워 넣으려고
이리저리 흔들리고 있다
눈을 닫아도 네 속은 환하다
내 것이 아니어도 내 속에 꽃 잘 있으라

물망초 1

봄바람 연초록에 나부끼던 목숨
모질게 밟혔어도 제 꿈을 지키리라
발밑에 흐르는 물에 머리 조아려 가며
옹골차게 가는 가지를 뻗어가며 흔들리면서도 굳세게 살았다
맑은 물 흐르는 시냇가에 푸른 별꽃이 피었다
이따금 물결이 밀려와 입맞춤한다
된바람 쫓아와서 뿌리를 죄 흔들어도
물 위에 높이 떠 있는 듯
푸른 하늘에 별이 떠 있는 듯
바람에 방황하는 듯
끝없이 환호하며 물결 핀다
차가운 물방울 칙칙대며 몸을 휘감아도
나는 하루살이 같은 꽃이라도
빛을 풀어놓은 하늘 꽃이라
한 치도 두려움 없이 고개를 드는 그 푸른 외침
눈물 끝에도 방긋방긋 웃는다
씻어 내리고 두드리며 물이 가는 길옆에 서 있다
한점 바람에도 위태롭다는 그 투정
잊지 말라는 푸른 속삭임
빛나다 못해 적막하다
시냇가에 떠밀린 그 숨결
송이송이 그 그리움
볼이 다 닳도록 파란 눈물에 젖고 있다

물망초 2

낡은 집 섬돌 위에 나란히 있던
손녀 꽃무늬 신발 한 켤레
이제는 없는 그 신발
나 여기와 다시금 생각난다
시냇가에 물망초꽃
파란 꽃 내 사랑
가는 허리 작은 시내
굽이굽이 물결 따라 바람 따라
옥 같은 손으로 노 저으며
출렁출렁
혼자서
혼자서
서지 못해
서지 못해
울면서 울면서
바다로 바다로 흘러가
나는 잊었던 기원으로
다시 돌아가는지

동백꽃

물을 따라 몰려다니며
오금 푸는 고기 떼

초경을 치른 듯 비릿한 동백꽃
욕심이 커서
눈꺼풀 속에 쌓인 수술 우 우 우 거리는 꽃 속에 꽃이 있다고
흥건히 젖은 말을 하며
얇은 종잇장같이 가벼운 햇빛을 핥는다
새 울음소리에도 흔들려서
꽃향기가 진동한다
눈으로만 먹어도 힘이 돋아나는 꽃
붉은 꽃 시를 쓴다
따뜻한 바람에 매일 축축하고 흥건한 붉은 욕망의 문
긴 숨을 죽여 순하게 엎드리고
핏빛으로 솟구치며 깊이 수장된 붉은 염원
꽃이 전부인 나는
펄펄 꽃 버무리는 노래를 한다

떨어진 꽃잎들은 파도가 등에 업고 가고
바람에 쓸려가고
알찬 꽃잎들은 매일 촉촉하고 붉은 마음을 달래가며
아직 덜 익은 나는 더 익기까지
아이 적 갯바람 불고
속이 깊어 마음이 편한 뻘배 밀고 가버린 등 거뭇한 그가
붉은 내 가슴이 죽지도 않고 매일 돋아난다

눈을 부릅뜬 개펄
표독한 파도
내 안에 바람 소리
뻘배 차고 나간 그의 목소리 들릴 때까지
밖으로 떠돌던 눈도
입 다물고 족장을 채워
들끓는 바닷바람에 나는 맞선다
흐르는 시간도 고여있는 시간도 붉은 몸을 트는 나는
빨간 동백꽃

장미

김이 서린 창문에
수심이 깊은 듯
낙숫물 돌 깨는 소리에
창문에 달팽이가 세상의 그림자까지 밀고 간다

낮은 밝지 않고 해는 어디에 있는지 알 수 없고
별은 멀리 있다

창문 밖 뜰앞에 장미는 비가 와도 붉게 피어있다
어두운 세계는 지금 붉은 장미의 시간으로 가고 있다

주문 없는 우주의 식탁에
새들이 비린내가 없는 하늘로 왜 번질까
소리 나는 것 소리 없는 것들은
또 누구의 천성일까

어두운 숲
하늘 보이지 않는 캄캄한 길

장미는 비가 와도 웃는다
무엇이 우리의 세계를 팽팽히 당기는지
하늘과 땅 사이는 점점 간격이 사라진다

가을은 산 곡꽃처럼
투 투 뚝 투 두 투 두 뚝 비가 내린다

내 안에 핀 붉은 장미는
어두워도 비가 와도 붉게 웃고 있다
나는 나의 장미는
선한 피를 웃으며 흘리는 거야
세상도 의지하지 않는 거야

새는 새의 방식으로 말하고 장미는 장미의 방식으로 말하고
나는 나의 방식대로
어둠도 밝음도 표정도
모든 균형감각은 하늘에 깃든 듯

하늘에 달과 별이 있어 비가 오는 밤에도
세상은 어둡지 않고 장미는 붉게 타오른다.
장미는 어두운 밤에도 붉게 웃으며 눈을 뜨고 있다

안개꽃

흩어질 것 같아 쌓아 올린
하얀 안개꽃

졸고 있는 바람에게 던져 준
하얀 말

엎질러진 물은 소란스럽다
헝클어진 바람 소리는 더 소란스럽다

민낯이 하얀 안개를 토해낸다
페이지마다 올려놓은 은유법

흩어놓은 안개 사이로
조용히 다가서는 빨강 나비 한 마리

꽃과 꽃 사이에
붉은 입 내민 나비 한 마리

안개는 영원
나비는 한철

바람 불면 시달리는 꽃
잡은 손을 놓지 말아 주세요

붉은 날개를 만지작거리다
잠이 들게

헝클어진 듯 핀 듯
시인가 노래인가 꽃인가

참깨밭에서

산길을 따라 걷다 참깨밭에 이른다
이제 막 피어나는 꽃잎은 하늘을 향해 모두 손을 들고 있다
포기마다 고층아파트를 짓는다고
고사리 같은 손을 들고 흔드는 아파트촌 아이들 같다
깨끗한 나라에 하얀 깨꽃이 핀다
층층이 집을 지어 이산 저산 바라보며
하얀 웃음소리로 산비탈을 허물어 가고 있다
층층이 하얀 아이들 웃음소리에 아파트를 허물어 가고 있다
바라보면 볼수록 어깨를 붙이고 나란히 하는 것들
다닥다닥 씨방마다 칸칸이 집마다 깨소금을
가득 채우려 안달 나 있다
맹약의 굳은 결의는 혹 잡다한 호기심에 녹슬 수도 있다
걱정 말라는 말은 걱정될 때 하는 말
엄마가 주저앉아 숨죽여 울던
누가 그 속에 한 알 두 알 또 열 알
이슬과 바람과 햇살로 짠 고소한 꽃씨를 심고 있을까
애지중지 달고 달아 음과 양을 맺고 풀어
어쨌든 너도나도 매치고 결속해
비가 오고 바람 불어도 참깨 집은 다닥다닥 엉겨 붙어
집을 지은 것들은 섬을 지은 것들은 방마다 문을 닫아걸어
눈을 한 번도 깜박이지도 않고 문을 잠그고 입을 굳게 닫고 있다

맑은 시냇물이 늦은 봄 잠을 털어낼 때
그 많은 겨드랑이만 깜박거린다
어머니 수수한 목소리 껴안는 그 꽃
맞지도 않는 깍지를 끼는 일은 때때로 사는 일이 감당 못 할 일
손마다 깍지를 끼고 문마다 꼭꼭 걸어 잠그고 참고 견디면
더는 다짐할 일이 없을 때 우리는 우르르 쏟아질 수 있다
눈 감아도 코끝으로 만져지는 그 고소한 냄새
산의 하루가 노을에 떠밀려 가고
오늘도 그 산 안에 그 밭 안에
오가는 바람도 굳게 서 있다
한줄기 영감으로 걸어온 시간
때로는 사는 일이 감당 못 할 일이어도 입이란 입을
모두 잠그고 있다 보면
그 속에 하얀 씨앗들은 한점 바람에도 고소한 향기가 진동한다
구름먹빛에도 아랑곳없이 하얀 꿈을 꾸고 사는 건
제 뼛속 텅텅 비는 것도 모르는 일이지만
하얀 노래로 깨알 깨알 속삭이다 하얀 시로 속삭이다
삶은 곧 어디에든 뛰어들고 뛰어나가는 것
조금만 두드려도 데굴데굴 세차게 뿜어져
알차게 익은 것들은 알차게 익은 만큼 나온다

감자

감자밭에서 왜 알을 세니
타조알 거위알 오리알 달걀 고니알
난 감자들이 갓 나온 하늘을 날아오르는 알 같아 못 견디겠는걸
땅속에서 뒤죽박죽 알을 키우고 살을 찌운 동그란 몸뚱이 여기저기
양수를 터뜨리고 탯줄을 끊고 나와 주위를 두리번거리는 멍한 눈들
감자를 달걀이라 우기면 지글지글 프라이팬도 생각나고
또 삶은 달걀 주말 트래킹도 보호받겠다
저 멀리 보이는 산기슭에 엄마가 엄마를 묻고
아버지가 아버지를 묻은 하늘 밑에 산이 보이고 땅이 보인다
알들은 태어나자마자 무더기무더기 빈 밭에 채워졌고
엄마 아빠는 감자밭에서 얘기할 때마다 가장 빛났던 듯
탯줄에 매달린 주렁주렁 봉알 같은 감자 수를 헤아릴 때란다
어깨를 나란히 하고 앉아 산 아래를 바라보며
어머니 아버지는 일어서고 무너졌다
감자도 따라 얼어서고 무너졌다
그곳은 풍성한 신의 거처였고 우리의 씨알이었다
떠나고 나면 또 빈 곳을 채우기 위해 또 걸어올 것이다

해는 나무에도 곡식에도 가축에도 깃들고
큰 밭에 알들을 부화한 발자국이 뒤죽박죽 길게 나 있다
부동의 자세로 날지 않은 새 들
뜨거운 열이 이제 미열로 남아 있다
지워야 할 흔적과 지우지 못한 생각들이
아직 산만하게 여기저기 널려있다
마른 감자꽃 향기가 구수하게 난다
한순간 지저귀는 새들 침묵한 빈밭
공기는 밤을 향해 서늘하게 식어간다

어느 날 프라이팬에 불을 지핀다
나는 맛소금을 뿌리고 동생은 설탕을 뿌리고
온종일 일을 나갔다 마령서 앞에 나와 남편 동생 아들딸 다섯 식구
가슴이 뜨거운 동그란 알 같은 달 하나씩 품고
데굴데굴 감자알 같은
하늘에 굴러간다
아릿한 감자의 꿈들이 하늘에서 자라나는지 밤이 환하다

무화과

세상에는 눈이 많다
엽아葉芽 화아花芽
또 심장 속에 꽃이 핀 무화과

그러니까 밖을 보는 꽃눈보다
어두운 몸속에서 불을 밝히는
꽃눈은 더 귀하고 달콤하다

매일 챙겨 먹는 밥에도 꽃눈이 있다
꽃은 몸의 등불
전신이 불꽃 아니든가

그리움 안고
가슴마다 옹기종기 모여
봄꽃같이 화려하고 향기롭다
즐거움을 쌓기 시작한다

속에서 피어나는 꽃
그 섬섬한 향기
가슴속에 피고 피어 달콤하다
꽃의 무게를 견디지 못하면
계절까지 함께 녹아 단물 터지기 시작한다

눈물 콧물로 속 꽃 피운
세상에 없는 어머니가 뒤뜰에 심어놓은
무화과나무는
보이는 꽃송이 하나 피워보지 못한
우리 어머니

강아지풀 1

그 많은 소란과 발걸음과 변하지 않는 악다구니
생각들까지 사사로워 하늘하늘 흔들리는 너
여전히 세상은 휑하다
눈앞에 강물이 가물거리고
잡초들 속에 잡초들 너 혼자 욕망의 방망이
긴 목숨줄로 세워서 바람만 불면 연신 흔들린다
또 흔들리는 게 일상인 너
저쪽으로 뛰어가고 이쪽으로 뛰어가고
몸뚱이는 하늘을 향해 땅을 향해
누가 무슨 이야기를 하는지
무엇이 못마땅한지
연신 고개를 좌우로 흔든다

기울어지는 머리끝으로 흔들리는
내 어둑한 그늘의 뒷모습은 누구의 얼굴일까
동서남북 문을 활짝 열어놓고 있지만
한 뼘도 안 되는 발걸음들이
어찌 그리 빈약한 모가지를 출렁이게 하는 극한의 자세
머리통을 휘감는 불안은
여전히 생을 붙잡아두려는 아름다운 약속이나 있는 듯
날마다 그리는 포물선들은 뜨겁고
이마를 풀어헤친 풀잎들은
가지런한 나를 보면 아마 귀족이라 여기겠지
허공 끝에서 떠도는 머리
햇살도 날개 펼쳐 무릎을 세운다

금비늘 강 물결
파란 산에 안긴다
이리 흔들 저리 흔들
강가에 떠도는 한 줄기 두 줄기
돌아오고 돌아가는 세상의 외침
내 마음의 외침
저기 작은 길 끝으로 환한 내 집이 보인다

코끝 찡한 바람 소리에
나풀나풀 걸어가고 걸어오는 발자국이
내 속에서 느긋한 줄기를 세워
음정도 박자도 모르는 말간 햇살을
따라 제자리에서 걷는다
새처럼 폴폴 날고 싶은 풀 울음소리 난다

강아지풀 2

그 많은 바람의 악다구니들

흔들리지 않으려 하기에

나는 더 흔들린다

꽃피는 창포원

자리끼 얼음마저 뜨겁게 끓어오르는 어느 날
긴 개울 장막을 찢는 야호 소리 너머로
숨죽인 햇빛 송골 그리고
문밖의 보일러는 무거운 내 손발에 하루를 걸고
창포원에 꽃피는 시간을
감치듯 휘감는 듯 짜깁는다

쪽빛 하늘 맑은 바람 월평들에 들이치면
창포원 미로 길이 가물거리고
꽃을 찾아 훨훨 나는 나비 벌 난쟁이 군무에
산새 울음소리에 귓불이 저려온다
앞서거니 뒤 서거니 찾아오는 상춘객들 흥성거리고
월평들 움켜쥐고 선 풀과 나무들은 바라춤을 춘다

한 포기 한 포기 하늘 향해 솟아오른
붓꽃 모양 노랑 자주 파랑 창포꽃들은
백금을 핥아먹은 하얀 영호강 달래강
넘칠 듯 넘칠 듯 황강으로 만년을 흘러가고
등나무 서로 휘감겨 어우러져 향기롭다
영호남 만남의 광장에 그저 사람이 옹기종기 모여있다는
것만으로도 끈적이고 투명하다
청아한 자태로 빛나는 창포는 거창의 꽃
입술을 찢고 들어와 꿀꺽꿀꺽 삼키는
내 마음 해탈의 쪽빛 하늘 꽃

마지막 잎새

꼭 집어 말해야 알 수 있던가요
마지막
그 한마디
나 마지막까지 말하지 않고
죽도록 버티고 있었소

온몸의 피가
홍당무가 되었소

하늘과 땅도 캄캄하오
희미한 달빛에 시내를 건널 징검다리 하나 보이지 않소.
별별 채색 외고 부르며
화폭에 매달렸소

심장 두근거리는 색이 보일 때까지
심장 다 보이는 무늬가 나올 때까지
동서남북 파닥거렸소
신발 끈 동여매며

나는 이제 점 하나만 더 찍으면
촘촘히 낙엽 진 땅에
붉은 늑골이 다짐 다짐하며 악착같이 붙잡아도
나는 나를 다 버렸소

멈추지 않는 바람에 텅텅 빈 이 몸
부러진 손톱 발톱까지 바람에 뿌려버리고 말았소

꼭 집어 말해야 알 수 있던가요
마지막
이 한마디

새 움이 트기 시작하면
그때는 내 말을 이해하겠지요

풍경

부드러운 바람
일어서는 우수

자라목 길게 빼고 순서 하냥 기다리다
홀로 제 걸음 재촉한다

다비 다 한 나무숲에
종종거리며 누구를 따르는지

여전히 하늘을 따르며
목울대로 어머니 아버지 부르는 소리에 위안받고

눈이 내린다
정원 초과 안전 턱을 넘어서며 하얀 눈이 펑펑 내린다

눈 위에 눈이 와
소리가 끊겼다
내 소리까지 끊겼다

눈 위에 눈이 와서
모든 세상이 끊겼다

하얀 앞섶 풀어 헤치고
차가운 눈을 보듬은 채
팔랑거리는 나를 정으로 쾅쾅 부수고 있는 중이다
세상을 부수고 있는 중이다

허공을 살찌우고
세상을 살찌우고
하얗게 앞섶 풀어 헤치고
쭈그러지고 쪼개진 세상

차가운 물만으로도
마음이 풀어지는 사람들
어깨 잔뜩 움츠린 물만으로도
온 세상이 하얀 눈꽃이 피는 세상 환한 웃음이 피는 세상
강아지 꼬리에서 하얀 깃발인 양 나부낀다
풍경이 바람을 휘젓는다

울음소리

벌레 울음소리 한낮을 저미다가
앙금앙금 내 귀에 흘러들어 묻힌다
늦어서 이루지 못한 회한의 말인지 휘어지는지 포물선을 그린다

터질 듯 터지지 않는
규칙적인 리듬
귀에 달린 듯 심장이 따라 운다

이슬이 잔뜩 묻은 매미 울음이
숲속의 빈 잎사귀에 켜켜이 쌓여간다
울음이 갈잎에 앉아 갈잎을 쓸고 있다
사람 하나 없는 곳에서

물도 따라 한 고개 한 고개 울음소리 파도치고
강가에서 맨발을 씻는 학 한 마리 목을 들어 먼 산을 바라본다
조금 더 따뜻한 곳을 찾는지 푸른색 생의 온기는
어디에서나 필요하니까

울음 속에 사는 숲은
울음에 묻혀 졸고 있는지
머리를 꾸벅 꾸벅거린다

여기저기 울음소리
귀로 먹는 밥
때 늦어 배고픈가 가지 끝에 매달려 위태롭다

갈바람 어지럽고
여름을 끓여 식힌 귀뚜라미 울음소리
깊은 곳으로 고운 여운을 심어

마음에 시장기가 사라지며
책 속의 쉼표가
나를 단단히 여미고

복숭아뼈

커튼을 보고 있다
오래도록 표정이 없다
정물 같은 그녀가 문득 떠오른다
솔 솔 라 라시도
순간 내 마음이 무수히 넓어졌다 높아졌다
커튼을 걷어 올린다
아름다운 여인의 향기가 창밖을 기웃거리고 있다
나는 바깥쪽 복숭아뼈 그녀는 안쪽 복숭아뼈
나는 바깥을 보고 안쪽은 바라보지 않지만
유독 무더운 이번 한여름을 안쪽을 보호하고 지키고
땀방울을 흘리고 있다
모든 여름은 그랬었나
창문 옆 침대에 조금만 귀 기울여 등을 눕히자
속이 깊어 마음이 편한 하늘이 보인다
허름한 꿈에 기댄 까칠한 나
어둡고 축축한 삶의 마지막 비탈에 엉거주춤 붙어 깊이 잠든
안쪽 복숭아뼈를
조금만 눈여겨봐
반질반질한 털이 없는 발 옆에 붙은 바깥쪽 복숭아도 눈여겨봐
한쪽은 창밖을 바라고 보고 있고
또 한쪽은 방 안쪽만 바라고 보고 있다
하늘에 맨
낙원의 씨앗 한쪽 발에 복숭아뼈 둘 또 한쪽 발에 복숭아뼈 둘

돌 같은 온몸의 그리움 안고 높은 하늘을 향해 둥글게 웃고 있다

거뭇한 붉은 바깥쪽 복숭아뼈가 돋아나
보지 않아도 항상 같이 있는
눈으로만 보아도 힘이 솟아나는 그녀를 생각한다
내 웃음에서부터 내 울음까지 흔들어
내 안에 항상 있는 그녀는
내 속에 펄펄 꽃이 피고 꽃이 진다
예쁜 암 복숭아
나와 평생 같이 사는 법을 일찍 깨달은 예쁜 아내
무더위는 우리를 더욱 반질반질 웃게 한다
한여름 밤
복숭아뼈를 씻는다
씻다 보면 더 선명해지는 그녀
어디를 가도 서로가 서로에게 혹이 되어
바라보지도 않는다고 투덜거리지만
끈질기게 달라붙은 지독하게 바쁜 발의 동그란 두 쪽 뼈
삶의 밑바닥 위에 동그랗게 부러리고 있는 나와 그녀
나는 추운 겨울마다 발 시린 시름을 숨 가쁘게 하며
안쪽을 편안하게 지키면서도
팔짱을 끼고 평생 곁눈질을 하면서도
우리는 같이 가고 같이 쉬고 같이 잠을 자고 있다

그늘의 계시

당신은 내가 보고 있는 걸 보고 있나
뭐 하고 있나 아니면 무엇을 쓰고 있나
땅에 납작 붙어서 말없이 기도하는 광신도의 얼굴
살아 있나 죽었나
그런 물음들에 어떻게 대답해야 할지 모르겠니
괜찮니? 낯 따가운 물음들이
묻고 있는 우리가 너를 계속 사랑하고 있다는 게 이상하지 않니
쏟아지는 햇볕에 푸른 다짐을 해둔 언약들
절룩대지 않는 생이 어디 있으랴
중력을 거슬러 올라 숨 가쁘게 매달리는 것들
가지도 열매도 너무나 많이 매달리면 부러지고
한여름 부신 햇살이 세상을 두드릴 때 하늘도 땅도 은박지를 긁는다
면죄부를 사는 사람들 숫자는 뭐라고 쓰여 있나 추첨이 끝나면
다시 면죄부를 사는 사람들
가지마다 제 몫의 짐을 온몸으로 지고 그림자를 내릴 때
햇살은 머뭇거리고 은근슬쩍 비켜서고
그림자는 나무의 방인 듯
나뭇잎에서 흘러나오는 목소리로 얇은 배를 채우고
불쑥 소리 없는 말을 하거나 나뭇등걸에 치어 아아
복부에서 흘러나오는 그림자의 진짜 목소리로 방안을 가득 메운다

이제 그 양력대로 음력대로 조용히 가라앉는다
낮고 낮은 미적미적 그리는 것
밟고 있어도 어색하지 않은 것
그 무엇보다 세상에서 가장 낮은 땅 위의 편안한 그림자를 보았나
온몸을 닦아 내려 허리를 땅에 붙인 찰나 찰나
육체를 벗고 혼의 옷을 입은 나무가 이제야 눈에 들어온다
그래 헛것이나 없어질 우리들은
삶 위에 죽음을 가지고 사는 것을 코를 흘리는 것처럼 보았다
불같이 활활 타오는 몸뚱이 열을 식히는
일인이역의 최고의 연기를 보았다
몸속에 하늘 담은 그림자여
햇볕 막이 그림자여
뜨거운 몸 바람처럼 놓아버린 시원한 너의 계시를 보았다

가야금

울음은 열두 줄 가야금을 기르기 좋습니다
또 그 속에 돌고래 같은 미소가 있어야만
울음을 그칠 수 있습니다
울음의 주파수는 이야기 속에 있습니다
나는 웅크리기 좋은 무게를 압니다
내 속으로 강이 흘러가고 있습니다
달이 걸어들어오고 있습니다

한 줄 한 줄 사이로 새들이 흩어지고 있습니다
어느 줄이나 한번 퉁기기만 하면
수천 마리 나비가 태어납니다
숲속에 새는 나뭇가지 사이로 새어 나가고
또 날아 날아서 오릅니다
나무에 없는 열두 마리 새들은 열 손가락 안으로 모이고 있습니다
열두 줄은 일 년
흩어졌다가 다시 모이는 듯하지만 잃어버렸다고 할 수 있습니다

꽃피기 좋은 봄에는
제비 몇 마리 강남으로 날아오는 소리 들립니다
바람이 불 때마다 줄이 바뀌었는데
바람이 불 때마다 날이 바뀌었는데
웃음을 기르기 좋은 돌고래 떼는 제주도 앞바다에 육상했습니다
열 번은 넘어지고 열두 번은 바뀌었는데
남쪽 나라 대나무 숲 휘고 휘어 날이 새고 있습니다
오지에 갇힌 세상까지 시끄럽습니다

날이 가고 달이 가고 또 날이 새었습니다
나비 떼도 쏘다니고 새 떼도 쏘다닙니다
나는 새도 나비도 아닙니다
그래도 달리는 버스에서 뛰어내리기도 하고
달리는 기차에서 기어오르기도 합니다
앞서거니. 뒤 서거니 서로 의지합니다
나는 한 마리의 새가 아닙니다 나비가 아닙니다

열두 마리 새

열두 마리 나비

그 속에 웃는 돌고래가 새와 나비를 일년내내 기르고 있습니다

때로는 날개 뜯긴 잠자리 땅에 떨어져 푸석거리고

머리에서 발끝까지 울리는

이 무거운 가슴 끝없이 둥기둥기 흔들립니다

유유히 강물이 흐릅니다

출렁출렁 바다가 춤춥니다

삼천 마리 오천 마리 물고기 떼

환란도 지워가며 찬란히 빛납니다

도란도란 얘기합니다

사각사각 황금 들녘에서 벼가 햇볕을 오래 사랑합니다

어쨌거나 식물이나 아이나 어른이나 햇빛 속에 수그린 기도하는

들판이 있어야 구수하게 익어갑니다

통이 빈 가야금은 속이 비어 있습니다

울음은 미소를 기르기에 좋습니다
웃음은 슬픔을 조심하지 않습니다
이 세상의 안정은 침묵 속에도 소리 속에도 있습니다
또 완전한 안정은 열두 줄 밖에 있습니다
나는 지금 눈을 감지만 수많은 흔들림을 남겨두었습니다
불현듯 퉁탕퉁탕 소리에
꽃송이 활짝 피어나도록

소리와 소리 사이는 캄캄한 구멍이 있습니다
그 구멍 속으로 눈물이 모두 사라지며 웃음이 모두 사라져 버리면
돌고래 떼도 사라집니다
동서남북으로 울고 가는 소리 사라지며 사막이 자라날 것입니다
실오라기 끊어진 듯 이어진 듯
주렁주렁 가냘픈 소리 돛단배에 실려 등기등기 춤을 춥니다
이빨이 딱딱 갈리는 추운 겨울도 아랑곳하지 않고

아주 높은 곳

아주 높은 곳에도 숲이 있다
언제나 가 보고 싶은 그곳

인생의 나그넷길
빛을 따라가면 길이 보인다고 한다
내 얼굴에서도 빛이 빠져나가고
내 귀에서도 빛이 빠져나간다 나는 길에서 벗어난다

높은 나무가 있었고
청설모가 나무를 총총 뛰어다니고 새 우는 소리가 들린다
청량하고 황량한 숲에 내가 있다
아마도 여기서 언젠가 나를 부른 적 있었다
또 앞으로도 부를 것이다 기어코

창문이 깨져 와르르 내려앉았고
나는 추방당했다

산속에서 산을 오른다
죽을 만큼 숨이 차오른다
대화를 쉬지 않고 하는
보이지 않는 물소리 숨이 가쁜지 끊어졌다 이어진다

나무는 어디에서 왔냐고
나무는 또 왜 끝없이 자라기만 하느냐고
나는 나무
나무는 나 아주 높은 산꼭대기를 향해 기어오른다

꼭 집어 말할 수 없으나 종소리가 울린다
소리도 없이 심금을 울린다
아마도 새 심장에서
나는 소리인지 사방이 환하다

온 천지에 햇볕이 직조한다
내 좁은 핏줄 속에까지 바람 무늬로 출렁이며
아주 높은 곳을 향하여 더 넘실거린다
모두 이끄는 저 높은 곳에는 새들도 날아가다 날개 접는다
저 아득한 고요 속으로 귀 기울인다
붉은 종소리가 온 세상의 길을 연다

달이 눈썹을 셀 터이니

첫새벽 연수사를
지나가는 달이 잠시
천 년 묵은 은행나무에 앉았다
이 아득한 품은 누구인가
하늘의 흰 종지뼈가 내려와
땅의 깨끗한 무릎에 닿았다

한줄기 하늘의 날숨에
하얀 뼈 부서지는 달
이토록 속이 빛나는 고해는
아름다운 웃음이 되었다
찔레꽃 뿌린 듯
은행나무 가득 하얗게
스무 살이 되면 애인을 찾게 해달라고
달을 보고 말을 했다
하하 너무 우습다고
알몸으로 달이 쏟아졌다.

애인 밑에
밑줄을 긋는다
마음 감추다 볼웃음 번진 그녀는 내 사랑
연수사도 은행나무도
달에 끌려 달빛 주우려고 부산해진다

달빛에 부서진
은행나무 잎사귀
무성한 소문들
내 새하얀 마음 같아 시 같아
기어코 꺼낸
아무도 보지도 듣지도 못한 진심들

석굴암의 불상

어느 산사
바위 속에 부처님이 있다
어둠의 손짓 따라
어둠 속의 어둠 속에
진짜 내가 있다는데
참 마음이 있다는데
입을 벌리고 아아 소리를 내면
그 소리는 다시 나에게 돌아온다
절이 있는 산은
또 바다 위에 떠 있는 섬은
바다의 손짓 따라
중생이 되었다가 보살이 되었다가 부처가 되었다가
바다가 중생이라는 것도 바다가 보살이라는 것도
바다가 부처라는 것도
나 이제 알 것 같다
그 음력대로 될 것이다

모닥불 지핀 겨울 해는 하늘의 꽃
하얀 하늘 꽃이 빨간 동백꽃을 피운다
물과 바람의 손짓에 큰 어장은 춤춘다

바위 속에 정좌한 불상은
바다를 부풀어 올리는 갈매기의 날개에 정욕을 느끼는지
잠깐 아주 잠깐 눈을 꼭 감은 채 부끄러운지 석굴은
햇살을 받아 홍당무가 된다
입속에 혓바닥이 요동치는지 턱이 떨린다

항구에 어선들 잠자던 눈을 뜨고
바다를 향해 거센 물보라를 일으키면
석굴 속의 종소리는
배 엔진 소리보다 뒤질세라
탕탕 산과 바다에 울려 퍼진다
파도가 따라 물결친다

독한 겨울
옷을 벗은 채 엉금엉금 기어 나오는 붉은 해가 무거운 무릎 세운다

돌 속의 나무 물고기가 울고
바닷속의 물고기가 울고
바다 위에 정좌한 듯 산 위에 정좌한 듯
눈을 뜬 불상 새날을 열어 보려는 듯
노래도 아니고 말도 아니고
손잡이도 없는 염불 소리가
목탁 소리에 염불 소리가 잠겼다가 염불 소리에 목탁이 잠겼다가
목탁 소리도 염불 소리도 파도 소리도 나지 않는다
누가 곧 뻔쩍 깨칠 것이다.
여의주 같은 빨간 공을 입에 문 개가 앞발로 허공을 할퀸다

제 2 부
어머니는 무화과 숲

어머니는 무화과 숲 • 우리 집 아침 • 그대 목소리 • 선잠 터는 주방에는 •
고봉밥 • 절구통 • 임신한 냉장고 • 옥탑방 • 캄캄한 복도 • 골목 • 우리 집은
허공 절벽 • 손을 바라보며 발을 바라보며 • 개구리 극장 • 명중의 과녁 • 일방
통행로 • 빛의 교통체증 • 한 평 천국 • 해벽 • 오늘은 어디 가서 갈롱 지겨
볼까 • 별의 노래

어머니는 무화과 숲

쌀 일다
어머니 옆구리가 아파진다
무화과 옆구리가 아파진다

꽃피는 시절이 없었던
어머니
손끝이 밤하늘 물들 때 현기증 일어
입을 다물었다
입에서 꽃 같은 피가 번진다
무화과에도 빨간 피가 번진다
몸속에 붉은 꽃을 박아놓고
이리저리 여진을 앓는다
어찌할 수 없는 고통도 달콤한 희망

온 몸속을 꽃으로 가로막아
되풀이하는 방식으로 차곡차곡 곡간을 채운다
보고 어루만지며 눈물을 채운다

바늘 같은 꽃송이들이
밖으로 나간 것 하나 없이
아무도 모르게 핀다
지고 핀다
피고 진다

머리를 땅에 두느냐 몸속에 두느냐 고민했지만
깊은 사랑은 안으로 안으로 녹아 보이지 않는 것
새싹처럼 속에서 돌고 돈다

쌀 일다
어머니 옆구리가 터진다
무화과 옆구리가 터진다

꽃이 달리는 속도는
계절의 속도다

찢어진 입을 벌려 꽃 같은 첫울음을 운다
속으로 속으로만 익는 달콤한 사랑 한입 물고

우리 집 아침

엄마가 쌀을 씻는다
쌀 반 물 반
그 속에서 가장 반짝이는 것은 새벽 달빛
물과 쌀의 이야기를 뒤죽박죽 흔드는 우리 엄마
물과 모래를 뒤죽박죽 흔드는 우리 아버지
물속 거울에 비치는 엄마 얼굴이 어두울 때가 많다
딸은 이불을 들고 엄마를 바라보며 중얼거린다 잠 좀 자자
날리는 모래가 눈에 끼어든 듯 눈을 껌벅거린다

엄마는 스무 살이 되기도 전에 엄마가 되었다
얼마나 두려웠을까
돌아눕다가 딸은 고통의 끝에 문이 있다는 말을 생각하며
그 말에 마음속으로 밑줄을 긋는다
창밖엔 파문 진 눈꽃이 겨울 새벽을 뜨개질한다

몸부림쳐 닳아빠진 흰 머리털 검은 머리털이
어머니 누운 자리에서 흐릿한 불빛 속에서 보인다
구세군 자선냄비 역대 최저 모금액
온정을 조율하듯 볼륨을 낮춘 라디오에서
아나운서의 말소리가 들린다
풀었다가 감았다가 점멸하는 우리 집 부엌
회초리를 치는 바람 소리 문을 두드리고
골목을 깨우기 위해 어둠을 밀치기도 한다

햅쌀을 바가지 담았던 대야는 달빛이 차곡차곡 차오르고
푸른 물은 출렁거리고
엄마 손은 쌀과 물을 향해
마음을 씻는지 하얀 쌀 뜨물이 부유하기 시작한다
차가운 물 속에 풀어놓은 햅쌀의 색채는 따뜻한 백분
쭈그러진 티를 골라내고 까만 피 씨도 골라내고
좋은 마음에 어울리지 않는 단단한 돌까지 골라내며
엄마가 휘젓는 대로 쌀함박 속에서 꽃이 피어나고
식구들 얼굴도 그 꽃 빛 속에서 하얀 달빛으로 차오른다

우리 가족들의 많은 소란과 발걸음은
엄마 손에서부터 시작된다
쌀을 일으키고 눕히고 공중 부양시키고 시도 때도 없이
우물쭈물한 것도 녹슬어가는 것도
미도 티도 다 뽀독뽀독 뽑아버린다
스무 살의 딸은 오그린 손 꼭 맞잡고
반백의 엄마 머리카락을 바라보며 속으로 울컥하는 말
엄마 손 참 시리겠다 나직이 중얼거린다
다가오는 저 푸른 봄을 위해
하루하루 허투루 살지 않기를 두 손 모은 간절함
모래는 아무리 침몰해도 국경선을 넘고
오늘 해는 오늘 뜬다

그대 목소리

새벽부터 일어나 얼굴을 씻고
거울을 보는 것은
그대에게 나를 바치는
마음인 것을
오늘을 지나도 또 오늘인 것을
매일 해가 뜨고 해가 지고
숲속을 아무리 걸어도 걷지 못하는 나무들같이
그대를 아무리 생각하고 그대 속에 살아도
그대 철장 속에 갇혀 있는 나는
내 야윈 발목에서 구린 냄새만 나고 있을 뿐
나는 그대와 같이 걷지도 뛰지도 못한다
그대 이름 부르다가 부르다가
유정무정有情無情 신음하는 나는
그대가 나를 사랑해 달라는 간곡한 마음인 것을
꽃을 전하는 말

그대는 붉은 장미꽃
그대는 하얀 안개꽃
꽃이 떠났다
또 믿을 수 없는 내가 떠났다

그러나 아름다운 그대 목소리는
바닷가 파도에 몽돌 굴러가는 소리보다
더 크게 내 가슴속에서 들리고 있다
그대는 내 속에 사는 검고 반질반질한
조약돌

꿈속에서만 가끔 오는 그대가
등 뒤에서 내 이름을 부르고 올 것 같아
오늘도
나는 그녀와 걷던 해변을 서성이고 있다

선잠 터는 주방에는

눈을 뜬다 뿌연 안개가 나온다
하늘인지 바다인지 알 수 없는 곳에 내가 있다

열셋 나이에 겪고 있는 모진 일들
온 만큼 가는 물의 시간
접시와 접시 사이에 물거품이 쌓인다
하얀 접시를 사람처럼 세운다

이별을 준비 못 해 헤어짐이 서툰 나는
칙칙한 몇 점 추억이 차가운 방에 쌓인다
하늘 간 엄마의 꿈은 어디서나 만날 때마다
엄마는 옷을 툭툭 털어 옷걸이에 걸거나
옷장을 뒤적뒤적 정리하고 주방에서 그릇을 씻는다
향기가 얹혀 있는 어머니가 내 이름을 조용히 부르면
깜짝 놀라 잠을 깬다
차디찬 살을 부비며 몸속의 물이 눈으로 나온다
그 물이 나를 지울 것 같다

고무장갑이 움직이고 앞치마가 내 몸에서 나와 식탁에 앉는다
앞치마는 내 몫이 아닌 듯 꽁꽁 언 나뭇잎 같다
나도 축축하게 얼어 있다
내 손도 내 발도 신전 같은 맑은 물에 볼록해진다

열셋 나이 뒤로 허리 휜 물방울이 튕긴다
세상에 외로움은 흰 물방울 소리 같다

물방울이 주방 바닥에 부딪혀
주방 색을 푸르게 바꿔놓는다
나는 물컵을 하나 들고 진화한 인간이라도 된 듯
냉수는 의미 깊을 듯 물 한 컵 마신다

구름이 걷힌다
창밖에 우는 새 한 마리 하늘 높이 날아오르고
가끔 새에게 모이를 던져 주듯
맵고도 시린 파도를 가르는 외항선을 탄
아빠 목소리가 전화기에서 들려오고
창문 밖 하늘은 높고 별은 푸르다
하얀 윤이 나는 남동생도 나도
항상 새살이 돋아나는 책장을 넘기고 넘긴다
푸른 별과 잘 어울린다

부풀린 몸피로 신발 끈을 동여맨 우리는
내일이면 진화한 새가 되어
곧 창문을 열고 날아갈 것이다
문 바깥에 해변이나 숲 구름 날아다니는
푸르름과 잘 어울리는 햇살로 얼굴이 밝을 것이다

고봉밥

평생 배가 고픈 우리 아버지 어머니는
진다는 말이 싫어서 노을이 핀다더니
그 속까지 붉은 핏빛이다

구불구불한 초서로 흘려 써 내려간
낮은 산자락에 한 줄 읽어 낼
산골 밭 가장자리에 동그란 밥공기 둘
그 속에 깨어진 하루가
홀딱 맛있게 터져 김이 모락모락 서린다

죽어서나 살아서나 배가 고픈 우리 아버지 어머니는
집이 고봉밥이다
동그란 고봉밥이다
산에서 떠도는 구수한 향기
늘 거기에 있어서 고맙다

돌아오고 돌아가게 만드는
산길을 따라 산바람 징하게
하얀 찔레꽃이 헤아릴 때마다
노을은 저승으로 건너가는 길

꽃상여 타고 떠난 우리 아버지 어머니
벌초를 하고 술 한잔 올리고 나니
동그란 고봉밥만 두 그릇
넘칠 듯 넘칠 듯 가득한 밥알들이
파란 하늘빛을 따라 더 파랗다
파란 별들이 고봉밥 무덤에 옹기종기 앉아 있다

오늘 밤 별의 범람으로
하늘 문이 열려
어머니 아버지를 볼 수 있을지도 몰라

절구통

옛날엔
어머니가 동그랗게 손을 말아쥐고 모닥거리다
통고추들이 가루가 되었다고 숨이 죽었다고 곱게 쓸어 담았고
신뢰와 호감으로 좁은 방에서
열 명이나 넘게 허리를 반쯤 접고 살았다
또 밤에는 흐릿한 불빛에 심지가 타들어 가고
시계는 수탉 울음소리가 알리고
길들어 있는 돌절구통은 깨끗했다

오늘은
힘들다는 말을 두 아들놈이 한다 매일매일
한 놈은 쓰레기를 버리기가 힘들다 하고
또 한 놈을 골프채를 휘두르기가 힘들다 하고
또 아내는 밍크코트로 거리를 활보하면서 외식을 고민하고
무언가의 벌건 자국들이 다리통에도 팔뚝에도 묻어 있고
매운 땀이 얇은 옷에도 묻어 있다 붉은 고춧가루도
온 집안에 펄펄 날아다닌다
절구를 휘두르며 통고추를 찧는다
쾅쾅 고추 깨지는 소리 천둥 치고 매운 냄새가 천지에 쏟아진다
그는 왜 그래 너는 왜 그래 나는 또 왜 그래
한 번씩 크게 싸우면서 맞서면서 지지배배 새처럼 일제히 매섭게
뛰어다니고 날아다니는 행적 난기류와 불안증이 난무한다

부분적인 질병에는 부서진 화분에 테이프를 발라두기도 한다
식구이면서 원수이면서 독침 쏘기를 일삼는다
아무리 뛰어도 날아도 이곳은 어두운 감옥
왼편이 되었다 오른편이 되었다 우왕좌왕 넘실넘실 몰려다닌다
어떤 날에 어떤 밤일까 어떤 날에 어떤 아침일까
맑을 새가 없다 조용할 새가 없다
아직은 빨강이 되지 못한 붉은 것들
그 알싸한 붉은 울음들 붉은 웃음들
아무도 읽지 않은 맵고 눈물 나는 시간들이 아직 남아있을 때
절구통은 희망이 있다 또 꿈이 있다
다 모진 것들을 꽉 물고 버티는
지형적인 옛날 돌집 같은 이 절구통
한없이 두들겨 맞은 생
온기가 가득해도 그는 항상 공복이다
여기저기 얼룩진 삐죽삐죽한 얼굴들이
담 밖으로 하나둘 삐져나간다

그는 단단히 가라앉아 있다
고추 범벅에 마늘 범벅에 무쇠 몽둥이를 아무리 두들겨 맞아도
깊고 따뜻한 어머니 손맛이 나는 속이 깊은 절굿공이

임신한 냉장고

설빙이 간간이 내리는 방
냉장고 안은 급냉동에도 졸음이 가득하다
책 읽는 꼬마의 입안으로 들어가 앉을 아이스크림은
순간 탁 박제된다
턱이 날아갈 듯
사람들의 입안을 얼얼하게 할
달콤한 하얀 크림이 냉장고 안에서 미끈거린다

냉기로 가득 찬 임신한 하늘
플러그를 햇살에 꽂고
아지랑이 울렁대는 입덧을 하는 봄

흉기로 변한 칼바람들은 폐지 더미에서 골라낸 동화책을 읽고
앉은뱅이 눈금을 반짝이는 이름 모를 풀꽃도 세어보고
늘어진 CD 뽕짝도 들어보고
해가 깊어진 한낮에는 새털구름의 미주알고주알 속삭임도 듣고
명상을 하며 하나둘 백과사전을 읽고 있다

언제 출산했는지
작은 그림자에도 팔다리가 흔들려 죽을 것 같다고 시끄러우면
왕진 나온 바람이 달려가 온몸을 쓰다듬고
한 땀 한 땀 바느질을 한다

주방 앞에서 즐겁게 들리는
냉장고 힘찬 울음소리
늘어진 할머니 울음조차 유난히 힘이 있다

옥탑방

새벽녘 유난히 창밖의 하늘이 투명한 것 같다
하늘에 금가락지가 떠 있다
선명한 하늘 내부 비추는지

바람은 언제나 삶의 허름한 부위를 파고들었고
옥탑방 우리의 세입은 늘 불안했다
삶의 밖으로 내몰린 우리들

종일 담배 냄새를 묻히고 돌아다니다 귀가한
아버지의 발에서 발꼬랑 냄새가 난다
사랑을 믿는 아버지의 기침 소리에
여름밤의 잠은 통통 불은 국수 가락처럼 길이 뚝뚝 끊어졌고
선풍기 소리만 요란하다
사랑을 믿는 아버지의 눈이 매운 고춧가루가 스며든 듯
두 눈에 핏발이 선다
달무리는 달을 떠나지 못한 우울증 환자인가

나는 짐이었고
매일 학교를 그만둘까
대학이 다 뭐야
편의점 아르바이트도 끊어졌다

도마 위에 어머니
어머니 위에 풍성한 달빛이 넘실거린다
우리 집의 남루함은 죄였다
아름답게 태어나지 못한 것 아름답게 성형하지 못한 것도 죄였다
회사 간판과 취업 정보신문 건물 벽에 붙은 구인 광고
다 돌아간 음반이 지지직거리는 소리를 낸다

오늘도 길을 줄줄이 매달고 걷는다
무성한 전봇대와 전봇대 사이
낮은 곳의 일자리를 찾는다
누군가의 깊은 곳으로 들어간다는 것일까
박힌다는 것일까
어둑한 미궁이 언제 문을 활짝 열까

캄캄한 복도

이곳에서 나를 들여놓았어
팔다리를 떠올리다가 얼굴을 잃었어
다 있으면서 완성되지 않은 그 무엇이
나를 움직이고 있었어
모두 버려진 것 같아도 버려진 것은 없었어
세상에 구원을 버리는 천사는 없는 것처럼
나는 완성되고 싶었지 나를 완성하고 싶었어
또 완성되지 않을 것을 알면서
창문에 대고 달의 얼굴을 말리면 완성되겠지만
복도의 끝이 복도의 시작을 닮아 있었어
복도를 전부 걸은 뒤에야 그것을 알았지만
시작과 끝이 어떻게 똑같을 수가 있었는지
돌아보고 또 돌아보았어 모두 다 똑같았어
처음은 처음답고 끝은 끝답고
모두 거기에서 들끓어 오르고 있었어 인생이 예술이
다 그런 것인 줄 알았다면
나를 그리다가 사라지고 마는
그렇고 그렇다고 사라지고 말 것이라는 걸 몰랐기에
나를 다 그리고도 내가 없어졌어
찢어진 책 페이지처럼 전적으로 내가 없어진 것은
복도를 다 걸은 뒤에야 알았어
내가 들어온 것은 복도였어
어둡기도 하고 길기도 하고 또 좁기도 한 그런 곳이었어

그러나 천장에 거꾸로 매달려 아무것이나
아무 곳이나 어깨를 툭툭 치는 거미라면
거꾸로 읽어도 상관없는 글자들이라는 것을 알았을 것이다
사실 나는 또 다른 탈출구를 찾아
이렇게 깊은 곳으로 파고 들어가고 있는지도 몰라
어떤 일이 있어도 이곳은 나가고 싶어
그렇게 답답한 시간들을 모아
전시회를 연다고 하면 어떤 작품이든 실패작들일 거야
없는 팔다리들을 복도 벽에 걸어놓고
공중에서 돋아나는 얼굴들은 모두
허상이고 미완성품이야
모두 천사를 많이 그렸지만 지상만 구원하는
그런 천사들만 그리고 말았어
같은 장소 같은 길 같은 집 몇 번이고 반복해서
이마를 부딪친 뒤에야
어떤 이야기든 한 방향으로만 읽고 있다는 것을 알았어
복도의 시작이 복도의 끝이라
다시 처음으로 돌아가는 것이 나가는 문이라는 것
복도의 시작이 복도의 끝을 닮아 있었어
복도의 저주를 풀어야 창밖의 세상으로 걸어 나갈 수 있을 거야
창밖에는 복도처럼 캄캄한 배후는 없을 거야

골목

골목은 여전히 휑하다
그 많은 소란과 악다구니들 멍든 내 얼굴

그늘이 묻은 소매 끝 같은 곳
이마를 풀어헤친 담장과 담장의 복선 사이로
기웃기웃 넘어와 손을 내민 장미꽃 송이를 지나
깊은 어둠의 좁은 길을 끝으로 녹슨 작은 문을 밀고 들어가면
환한 우리 집이 있었다
찬물에 손 담그고 아침마다 쌀 씻던 차가운 물 속에서 휘어지던
어머니의 손 마디를 보았었다

골목은 끝으로 끝으로
이쪽저쪽 발걸음을 끌어들였었다
뭔가를 움켜쥐려던 시간도 찍혀있었다
기울어진 집 그림자들은 누구의 모습들이었나
액정화면 속에는 친구들도 생성되어 있었다
우리는 골목에 앉아 많은 이야기했었다
좁고 긴 골목은 어둠이 조금 휘어져 있었고
그때 우리의 이야기들도 한때 유일한 재산이었지만
조금만 펴거나 휘어도 뚝 뚝 부러질 것 같아 불안했었다

군데군데 구멍 난 곳에 채송화도 피고
자유의 노래를 부르는 자들은 하나같이 붉은 얼굴로
길고 긴 옛노래들을 잇몸을 드러내고 불렀었다
그때 골목은 출렁이는 극한의 자세
쿵쿵 발뒤꿈치를 휘감는 불안에
하염없이 밤하늘을 작은 돌멩이로 박박 문질러주고 싶었었다

그 깊은 골목도 단숨에 헐리고 말았지만
죄 다 버리지 못해 답답한 마음들
그래 모두 헐리고 나서 편해졌겠지
빌려올 것도 돌려줄 것도 없는
어둑하게 구부러진 한 평 두 평 세상이 없으면
또 깊은 안쪽이 없으면
죽음과 같은 무더위가 항상 도사리고 있다는 것

부끄러운 기억이 있는
오줌 냄새가 풍기는
몸에 흉터 같은 그곳 허파를 부풀리며 날숨 들숨 힘들게 헤아리면
두 번 다시 되돌아보지 않겠다는 맹세에도 사라지고
두 눈에 눈물이 박힌다

우리 집은 허공 절벽

우리 집은 허공 절벽
깨어보니 머리 위는 온통 하얀 안개뿐
10층에 산다는 건 허공을 이해한다는 것인가
곧게 선 지붕 끝에 새가 날아오지 않는다
이곳은 이 집은 고립된 섬의 절벽 같다
아이들은 침대 위에 방바닥에 몸이 비뚤어져 있다
반듯한 것은 방과 방
반듯한 것은 시계
나는 식구들이 섬에 고립되었음을 처음으로 느낀 사람
이야기는 이야기 속에 속아 넘어가
눈물을 흘리기도 하고 웃기도 한다
하늘로 솟아오른 뿌리 없는 절벽
거꾸로 물구나무섰다
얼마나 많은 시간을 홀로 견디나
성자처럼 몸으로 허공을 안고
그는 늘 거기 서 있다 극한의 곧은 자세로

절벽을 둘러싸고 있는 하얀 배경은
아니 집을 둘러싸고 있는 허공은
무중력 속에 있는 섬 같아서

나는 하얀 안개를 잡아보려
창문을 열고 허공에 손을 뻗는다
안개에 손자국도 남기지 못한다

허공에 따뜻한 내 손가락만 남는다
하지만 보이지 않는 것은 다가오고 있는지도 모른다
보이지 않는 것이 보이는 것보다 더 많은 것이 세상이라고
나는 번번이 보이는 것에 머리를 박거나 발이 걸려 넘어졌다
하얘서
너무 하얘서
당신이 하늘의 하얀 안개를 하얀 마음을 들고 올 거라 생각 못 했다
열린 문으로 머리를 들이밀고 안갯속으로 들어간다
안개는 그 속에 없다
보이면서 보이지 않는 이 세계들
안개 속에 나를 잃고 사는
나는 누구인가
끝이 보이지 않는 안개
온몸을 휘감는 불안은 조금만 휘어도 뚝 부러질 것 같다
내 발을 편하게 놓을 땅도 없을 것 같다

손을 바라보며 발을 바라보며

여기 있다
손가락과 발가락 사이 동장군이
발가락이 춥나 손가락이 춥나 발가락도 말이 없다
손가락도 말이 없다
아대가 필요하나 보호대가 필요하나
누군가의 꿈을 대신 꾸나
세상에는 뿌리 없는 나무도 자라나고
우리 집은 낡은 한옥 왼편에는 빌라 오른편에는 아파트
선택 후 방향은 직선형이다 사이는 영원히 사이밖에 되지 못한다.
내 안에 그늘이 자라나고 가족들은 한 번씩
큰 목소리로 싸우기도 한다
당신에게 기도를 하면 눈물이 비가 되어 쏟아진다
아침저녁으로 내 안에 자욱한 안개가 낀다
발가락 끝으로 가면 바다의 시작 손가락 끝으로 가면 산 능선의
시작 사람들은 이것을 두고 해발이라고 하나 고도라고 하나
나는 맑고 밝은 아침보다 쓸쓸한 저녁은 더 낯익은 것 같다
언젠가 손에 손을 맞잡은 적이 있지 발을 발에 붙인 적이 있지
그때 눈치챘지 마음 합하는 일이 따뜻하다는 것을
오래 손을 마주 붙이고 있으면 기도라고 불릴 수 있지
우주의 시간이 돌아간다 아이들이 느릿느릿 태어난다
서먹서먹한 비포장 길로 내 발자국들이 던져진다
나는 걷는다 흙으로 빚었다는 나는 흙으로 바람으로 사라지고 있다
한 문장 안에 바다가 조금씩 자라나고 골목길이 조금씩 자라나고

긴 시간 동안 사람이 보이지 않아서 막다른 골목 같아서
나는 이제 집으로 돌아갈 시간이라고 말해 본다
그때 바다 가마우지 춤추며 날아오른다
나는 새끼손가락이 더 춥다고 말해 본다
검은 셔츠인지 흰 셔츠인지 뭐가 중요하냐고 중얼거려 본다
지나가는 바람이 나를 휩쓴다
나는 쓰레기일까 사람일까 바람일까
인간은 끝없는 죄인이라는 말에 동의한다
신발 속에 숨은 발가락을 꼼지락꼼지락
양 겨드랑이에 숨은 손가락을 꼼지락꼼지락
이제 추운 곳이 없다 이제 추울 곳이 없다
감춘다는 것과 사라진다는 것은 무엇이 다를까
나는 손가락 발가락을 감추고
나는 나를 감추고 잠시 따뜻해진다
내 속에 온도가 나를 따뜻하게 감싸준다
하늘에 별을 본다 내가 살아 있는 것이 신통하다
저 신통한 하늘에 별을 오래 보고 있으면 내가 별이 될 수 있을까
나에겐 손을 합장한 기도가 행운
우리 집 식구들 손가락에서 발가락에서 바가텔 소리가 들린다
쩍쩍 흙이 갈라지면서 앙상한 뼈가 보이면서
죄인이라고 말을 해본다
눈바람 부는 겨울에 푸른 숨 쉰다 툭 터인 하늘에 별이 빛난다
부서진 화분에 발라둔 청색 테이프가 반짝반짝 빛난다

개구리 극장

소프라노는 안단테로
알토는 축축한 베이스에 진득하게
수많은 밥알을 만들어 배고픈 소리 개굴개굴
공연의 시작과 끝은 어디 있기나 하냐

물속에 쏟아 놓은 그 많은 끈적끈적한 생의 궤적
관객은 의식하지 않는다
네 앞에 내가 있고 네 옆에 내가 있고 네 뒤에 내가 있어
서로 보이지 않는다
하긴 눈까지 알 속에 있어 더 하겠지만

울음은 아기의 매끄러운 피부야
우리는 낮은 물속을 좋아하는 양서류
무서운 악어도 아니고 징그러운 뱀도 아니야
귀여운 손가락과 발가락을 가지고 태어날 예쁜 알이야
장차 물속을 초원을 버릇없이 휘젓고 다닐 거야
밤에도 낮에도 개굴개굴 노래를 부를 거야
아무리 축축한 물속이라도 따뜻하면 더 좋겠지
명확해진 것이라곤 검은 점들뿐이야
물결이 아무리 출렁거려도 흔들리지 않는 우리들은
나란히 누워 좌우를 살피는 것만으로도 바쁘다니까

우리는 마냥 누워 있을 수 없어 앉아 있을 수 없어
끈적끈적한 알집을 나와서 긴 꼬리를 달고 물속을 누비다가
문득 어느 날 어른들처럼
꼬리 없이 팔짝팔짝 뛰어다니며 살기로 했어
소리를 믿지 않아 소리를 지른다
액셀레이터 페달을 믿지 않아
액셀레이터 공회전 페달만 밟는다

아 세상이 너무 좁아 우리들은 우물을 나왔다
나무에서 매미가 날개를 말리고 있는 게 보여
공원에서 손을 맞잡은 젊은 사람들도 보여 팔짱 낀 남녀도 보여
우리는 계속해서 세상을 의식하지 않고
연연히 울고 있지만 노래는 쉬지 않고 부르고 있어
연극이라는 말을 하고 싶어 영화라는 말을 하고 싶어
평화롭고 따뜻한 것이면 더 좋겠어
우리에겐 울음의 배후는 없어 그냥 울면서 살아갈 뿐
묵묵히 돌아보니 죽은 형제들이 너무 많아
평범한 바닥도 허공같이 불안한 걸음으로 가고 있어
소프라노는 안단테로 알토는 두리번두리번

명중의 과녁

우리는 우리를 내몰았다
벽돌이 집이 될 때까지
돌풍이 부는 세상에
유난히 코가 찡한 날은
도마가 마늘을 곱게 받아주는 날일 거야
그런 날은 하늘의 빛나는 과녁을 향해
명중이라는 듯
십자가가 어두운 밤을 밝힌다
긴 외줄 끝에
삶의 비탈 막다른 곳에
수평 수직의 날카로운 못
하늘이 하늘에 붙어
땅이 땅에 붙어
불꽃이 불꽃에 붙어 십자가에 못 박힌다
누구의 눈에도 보이지 않는 십자가의 끝이
선택받은 자들의 낙원을 가리키고 있다

어떤 날과 어떤 밤

구름과 어둠과 천둥은 욕심과 죄는 지형적인 질병일까
참회는 또 내 불면증의 무게를 얼마나 줄일까
아니면 내 힘으로는 깰 수 없는 주워 온 돌일까
세상에 돌풍이 분다
서투른 왼손이 하는 일은 모르는 것으로 하자
집의 왼편도 오른편도
세상에 하나뿐인 명중의 화살로
구름과 어둠과 천둥을 관통하고 있다
땅에서나 하늘에서나 그 어디에서나 볼 수 있는
저 높은 명중의 과녁
일제히 내 손 양편
어떤 낮과 어떤 밤에도 십자가 불빛은
청명한 날 청명한 마음 빛나는 무지개를 그린다
기어코 걸어가던 발을 멈추고 십자가 앞에 서서
나도 따라 무지개를 따라 그린다

일방통행로

지나가면 돌아올 수 없는 길
백미러로 떠밀려 간 멀어지는 기억들
헛바람뿐인 바퀴의 목숨
활짝 핀 새의 날개 흉내 낸 것 같은
길이란 길은 다 구르며 지나가는 것들
또 앞으로 구르는 것들
길의 입에 크나큰 이브의 징그러운 사랑도 하면서
나에겐 하얀색 황색 선 안에서 달리는 불꽃 축제다
길이 편한 것은 지나가면 그만이라서
어둡고 축축한 삶의 비탈도
새털구름 타고 가며
허름한 꿈에 기댄 서쪽 하늘 바라보는
까칠까칠한 노년도
발굽도 닳아버려 갈 길을 우왕좌왕 밀리고 밀며 떠나가도
조금만 귀 기울이고 눈뜨면
세상은 전봇대 사이사이
쪽방인 듯 가로등 불을 켜고 감당할 수 없는
달빛을 벗겨내는 속도가
달빛을 이기길 바랐다
그런저런 다짐이 없는 말을 주고받았다

청명한 날 말 엉덩이 휘두르는 손 따뜻한 핸들
나는 차 안에서만
천 길 캄캄한 어둠도 밀어내고
산도 지나고 강도 지나고 들도 지나고 지평선도 지나가고
지나가면 돌아올 수 없는 길을 간다
나는 오늘도 독한 매연 피워가며
충분히 안타까워하면서 껌을 계속 씹고 있다는 게 이상했다
살아가는 동안에 절대 너를 놓을 수 없어
푸르고 깊은 하늘도 운전석 의자에
바늘로 꿰매놓은 엉덩이로 바라보며
의자를 탄 엉덩이의 미소라 얘기하면 재미있어진다
영혼이 맑은 사람으로 살아가려
온 세상을 바퀴로 두드린다고 허리 숙여 얘기하면 참 재미없어진다
바퀴 혼자 우는 늦은 가을
펴지도 접지도 못하는
화살표로 재개발한 하늘에 뜬 저 빛나는 집을 향해
명중이라는 끝을 두고 달려간다
미소를 머금은 불빛 상자 속으로

빛의 교통체증

하늘이 하늘을 서쪽으로 몰아세우긴 해
살아서 가는 길이 환상이란 궁전의 이미지를 가지도록 해
뜰채에서 뛰어오른 붉은 물고기가 잠을 청하는지 알을 부화하는지
고기의 붉은 비늘을 헐떡거리며 조금씩 움직이고 있어
물고기는 꿈을 꾼다
롤러코스터 트랙을 달린다
정해진 낙차가 없는 지구가 내뿜는 붉은 문체들 황혼의 시어들
늙은 가슴으로 젊은이의 붉은 심장을 안아야 하는 일은
달리는 열차가 세상을 다스리는 일일까
공룡알 같은 알에서 붉은 핏방울이 꽃송이로 번진다
여인의 몸에서 생리혈을 펑펑 쏟는다
온 천지는 피바다
온 세상을 다 피로 지배했다는 듯
잠시 하늘은 붉은색 하나뿐이다
그러나 정말로 가만히 서 있는 게 세상의 하나뿐인 빛일까
여기저기 차들이 모여들어 움직일 수 없는
교통체증의 불빛들도 많아
세상 어디를 가도 피는 그치지 않는다고 소리 없이 고함을 지른다
시간을 따라가는 붉은빛들의 교통체증
너는 계속해서 몸을 꿰매고 있었다

앞으로도 뒤로도 옆으로 갈 수 없었다
보이지 않는 것도 보이는 것도 나갈 길이 없다
너는 계속해서 한 자리에 서 있다
누가 찍는 마침표일까
때때로 바람도 물도 집요하게 뭉치고 머무는 습성이 있다
오래전에 죽었던 해가 다시 태어나 또다시 죽어가는 혀로
나의 뼈를 핥고 지나갈 때 온 세상을 훑고 지나갈 때
네 이름들이 내 이름들이
커다란 하늘의 푸른 꽃송이 속에 오로라가 박음질 되어 있다
가끔 바람도 교통체증을 앓고 내 심장도 교통체증을 앓는다
자꾸만 몸이 부풀어 오른다
바람도 구름도 산도 빠져나올 구멍이 없다
하늘의 심장 만발하고 있다
온 세상이 평등한 무게로 짓누르고
빛의 연대기를 적어둔
맨발의 발자국으로 그림을 그리고 있다
마침내 하늘과 땅이 묵묵히 맞닿는다
움직이지 않는 빛의 교통체증은 황홀하다
움직이지 않는 차의 교통체증은 답답하다
세상을 보살피고 다스리는 해의 꽃이 따뜻한 씨를 무수히 뿌린다

한 평 천국

그 많은 소란과
우주의 발걸음과
폭염 경보 악다구니들
거리는 휑하다

그늘이 묻은 나무 밑에 삼 삶은 냄새가 가득하다
눈을 감아도 코끝으로 만져지는
분노한 하늘의 불 냄새

머리카락을 풀어 헤친 나무의 복선 사이로
저기 푸른 강이 보인다
흔들리는 날씨를 점치고 있는 듯
그 속으로 얼마나 많은 소리를 끌어들였나
푸른 빛이 끝도 없이 환하다

한때 유일한 재산이었던 봄은
조금만 더 펴거나 휘어도
군데군데 혁명가의 띠 같은 산 그늘에 묻은 흰 눈을
저 어둑한 질긴 겨울을 잇몸으로 삼키지 않았던가

그 따뜻한 옛노래가
날을 세운 칼이 되어 폭한으로 출렁인다

아름다운 것들도 많겠지만
여전히 더러운 것들이 너무 많아
여기저기 불로 인두질을 한다
맹렬히 타오르는 이 불타는 세계
무더위가 한껏 웅크리고 있다는 것
들어올 것도 없이 매몰차게 여미는 겨울바람을
한 평 천국 에어컨이 부른다
찔레꽃 뿌리듯 방 안 가득 하얗게
홀로 깊은 한족寒足이 된다는 것
풀머리 감치듯 볼웃음 지으면 깔깔거리다 무풍까지 서늘하다
냉랭한 한 평의 천국이 있다는 것도
미궁이 있다는 것도 급랭은 죄가 된다는 것도
진자운동처럼 무한 반복할까
눈사람처럼 희고 사과처럼 싱싱한 한 평의 천국 곁에
소곤소곤 말하다 잠이 들겠지

해벽

고요해진 순물질
울음이 닿는 순간
귀를 때리는 섬

최선의 방어이자
최후의 공격으로
일어선 벽 벽

들끓어 오르는
맹렬해지는
파도 넘쳐도 벽 벽

바다에 심장
푸른 칼이 되어 아무리 찔러도
절벽 이맛전 찢어져도

모두 짓이겨 버리는 벽 벽
치받아도 치받아도 처렁처렁 함성 그칠 줄 모르고
이토록 완고한 너의 세계

살기 위한 발버둥이라는 것을
가끔 사무치도록
그리운 사랑이라는 것을

분주한 숨을 헐떡거리며
부서지는 파도를 주우려고
수염 깎은 턱을 내미는 벽 벽

오늘은 어디 가서 갈롱 지겨 볼까

옷장 속을 사랑했다
하늘의 하얀 천사가 내려와
땅에 더러운 가슴팍에 닿았다
땅은 하늘만 보고 하늘만 사랑했다
가슴이 따뜻하고 무릎이 깨끗한 나무들은
땅은 속이 깊고 깨끗하다고 주렁주렁 가지를 치며
변명을 늘어놓는다
가슴이 두꺼운 언덕은 여기저기 솟아났다

옷장을 사랑했다
옷도 나도
서로에게 어울리지 않는 곳에서
잔뜩 칭찬을 듣는다 잔뜩 핀잔을 듣는다
꾸지람 면박
백설 공주 양귀비

나는 진짜 칭찬을 듣고 싶다
옷장 속에 옷은 단련된 최초의 연장이 되어
이것도 중요하고 저것도 중요하단다
나를 꾹 눌러서 이쪽저쪽으로 살펴보세요
파란 치마를 펼쳐서 애인을 만나 보세요

흰 치마를 펼쳐서 어머니 고모 이모 만나고 싶죠
아니 빨간 원피스를 입고 애인을 만나고 싶죠

차라리 한 끼 굶는 일이 있어도
천은 부드럽고 속이 깊으며 향긋한 살냄새를 풍길 수 있는
실크 옷을 입어야 갈롱 지기기가 좋겠죠
오른손과 왼손이 똑같다고 생각하나요 아님 친척이라고 생각하나요
재수가 없으면 시궁창에 빠질지 모를 일이죠
이쪽으로 가면 바다 저쪽으로 가면 뭍
파도치는 곳 바람 부는 곳 다 로망이죠
무엇을 펼쳐서라도 사랑을 받고 사랑을 하는
밸런스 게임 같은 것 모두 재미있죠
이쪽으로 가면 파란 대문 열려 있고
저쪽으로 가면 녹슨 대문 부서져 있고
사랑도 인생도 동화 같은 것이라고요
옷장 속을 사랑하는 나는 옷이 너무 많아
내가 입을 옷을 찾지 못한다
오늘은 내 어깨에 누가 앉을까
옷장 속에 있는 사람 같은 옷들을 하나도 박대할 수 없으니까
나는 달빛만큼 수심이 깊죠

별의 노래

우리의 하늘에 매일 해가 지고 매일 해가 뜨고
하늘은 수많은 줄에 갇힌 별의 사육장인가
통로는 어디에서 오는지 알 수 없지만
반짝거리는 날개를 곧추세우고 줄을 서서 걸어가는
몇 마리의 별이 보인다
별은 신기루인가 보이다가 보이지 않는다
아니 어디를 건너는 중인가
야윈 발목에서 나무의 향이 난다
별은 하늘이 만들어 놓은 칼날인가
밤마다 서서히 날이 서가는 중이다
지금 시간은 캄캄한 어둠을 배식 중이다
날이 다 선 별이 어둠을 조각조각 잘라내는 중이다
공산주의도 민주주의도 사랑이 없는 종교 분쟁도 다 안고
죽음의 속도보다 느리게 별이 태어나는 중이다
휘돌아 가는 강물 소리에 조약돌이 깨어나는 중이다
어둠이 금빛 은빛 털을 핥는다
오래전 강물 속에서 푸른 빛을 빌려온 죄로
하늘에 코닥필름을 맡기고 다녀야 하는 우리는
억겁 생의 빛 나는 눈으로 달콤한 입맛을 밤마다 다신다
구름의 그림자가 하늘 속에서 걸어 나와
해변의 모래 속으로 기어들어 가는 중이다

약간의 구름이 있는 곳엔
별이 하늘 속에서 걸어 나와 먹잇감을 찾는지
민감한 구름 덩어리들을 잘라 먹는 중이다.
하늘의 사타구니가
알 수도 없는 구름을 집어삼키고 무서운 포식자가 되었다
하늘을 채색하는 별은 일렁이고 바람을 일으키는 중이다
별이 제 발을 천천히 핥으며
하늘 소리에 민감한 구름의 껍질을 벗겨내고
말랑한 어둠의 과육을 먹어 치운다
반짝이는 몸을 가진 별이 백만 마리의 무리를 지어
땅으로 쏟아지는 중이다
세상의 숨결을 오래오래 핥는 중이다
하늘에서 살찌는 것은 별뿐인가
하늘의 저 수많은 심장을 바라보아라
내가 더 빛나는 것을 알 때가 올 것이다
하늘과 하늘을 연결하는 파란 피가 돌고 소리 없는
별의 노래가 흘러나오고
붙박여 있는 것은 고립된 것 고립이 고립을 넘어서면
영원히 시들지 않고 향기로운 꽃이 피어난다
우리는 별의 노랫소리를 기억해야 한다
내 쓰러져 누운 하얀 시트 위에서도 가을바람을 머금은 별이 웃는다

제3부
세상 바람

세상 바람 • 하늘이 보이지 않는다 • 오늘 날씨 맑음 • 내 안의 난청 • 새장 속의 새 • 거울 속에는 • 나를 견딜 수 없네 • 알려줬으니까 모두가 알게 되었다 • 내 눈 속에 날 세우다 날 죽이다 • 꿈을 꾸는 물고기는 죽어서도 눈을 감지 않는다 • 시를 생각하면서 왜 씨로 쓰고 있냐고 • 배고프다 썼는데 배가 아팠다로 썼다 • 쥐구멍에도 볕 들 날이 있다 • 해변에 왔는데 • 역에서 • 천사대교 • 황혼의 시

세상 바람

세상에 조용한 곳이 없다
시린 댓잎 서걱서걱 깊어 가는 겨울바람
마적 같은 눈보라
태풍의 눈 물 폭탄
캄캄한 바위 속은 조용할까
산은 산이 모여서 시끄럽고
물은 물이 모여서 무섭게 싸운다
숨겨둔 뼈 하나 없어도
모두 죽을 듯이 살고 살 듯이 죽는다
나무는 나무끼리 말이 없어도 시끄럽다
바람은 내가 모든 것을 다 열 수 있다고 무작정 시도 때도 없이
온몸으로 들이민다.
근심이 불을 켜는 내 안의 낯선 세상
절룩대지 않는 삶이 세상 어디에 있을까
헌 옷을 아무리 빨아도 헌옷이다
견딜수록 깊어지고 무너져야 가볍다고 솟아오를 수 있다고

흔들리며 살 채우는 나뭇가지들
무슨 할 일이 그리 많아 제 몫의 짐을 다 흔드는가
쓰러져야 다시 솟는 자연의 역리
녹슨 칼 갈고 벼려 머리에 꽂아둔 채
움찔 솟는 푸른 바람 그네를 타는 파도
세상은 그 많은 소란과 발걸음으로 이루어진 것들뿐인가
하늘은 높아서 외롭고 별은 빛나서 쓸쓸하고
달은 가슴을 열어놓아 밤마다 여전히 휑하다
그늘이 묻은 내 옷 끝에 이슬이 내려 울고 있다
알 수 없는 이 삶 저 삶 이 바람 저 바람
돼지고기 익는 냄새가 좁은 골목 끝까지 환하다
옥탑방 하얀 과녁 면발로 겨누던 나
기어코 풀어헤친 늦은 오후의 넉살에
밤하늘 높이 상현달이 하얗게 불붙는다
내 첫 발자국 첫 속삭임은 어디에 있을까

하늘이 보이지 않는다

손톱 밑에 쌓이는 먼지보다
내 머릿속에 커가는 먼지는 불안은
보이지 않는다
아니 어둠이 깊다
어둠은 어디에서 태어나 오는 것일까
먼지는 또 어디에서 태어나 오는 것일까

하늘 땅 숲
한때 지저귀는 새
침묵하는 저 너머 산이 있고 강이 있고 바다가 있다

해 무섭게 어디론가 빨려 가고
그림자 어디론가 서늘하게 지나간다
하늘이 없으면 존재하지 않는 것들
해가 없으면 보이지 않는 것들
손톱 발톱에 먼지가 쌓이고
머릿속에 먼지가 쌓이고
보이지 않는다

그늘이 주는 편안함까지 바삭바삭해 간다
전진도 아니고 그렇다고 뒷걸음질도 아니고
하늘이 보이지 않으며
그 많은 기억과 사연을 어디다 숨겨 놓아야 할지
아무것도 보이지 않는다
하늘이 보이는 밤은 어둡지 않다
머리카락에 휘감기는 달빛까지 반짝인다
언제부턴가
나도 엄마처럼 머리를 들고 우두커니 하늘을 바라본다
그러면 산봉우리도 비탈진 곳도 평지도 강도 바다도 가슴에 안는다

숲속의 요양원에 하늘이 보이지 않아
어둠이 깊어진다
숲속의 요양원에 내가 버린 어머니가 있다
어머니가 온몸에 열꽃을 피운다
두둥두둥 북이 운다

오늘 날씨 맑음

나는 창가에 앉아 태양의 알을
한 손으로 쓰다듬는 사람이 되고 싶습니다
아닙니다 서두르고 서둘러야 했습니다
벌써 누가 쓰다듬고 또 쓰다듬고 지나갔습니다
나는 더 이상 잡히지 않는 알을 바람을 구름을
닦지도 핥지도 못했습니다
어찌나 누가 핥아줬는지 알은 말갛고
봄꽃 마냥 환하고 멀리까지 보입니다
하늘에 구름은 투명한 장갑을 낀 것처럼 따뜻했습니다
하늘 속에 해가 있습니다
새털구름이 있습니다 그 속에 나를 심고 싶습니다
그 속에서 모두 사라질 것 같습니다 보이지 않는 곳에서 앞모습도
뒷모습도 쓸쓸해지고 있다는 걸 우리는 모릅니다
밥 먹는 손이 오른쪽이든 왼쪽이든 무슨 상관이 있습니까
앞은 앞만 보고 뒤도 앞만 보고
오늘 날씨는 알을 두드려서 웃으면서 고개를 들고 깨어나는
빛과 바람과 물의 활자들입니다
아직 펼치지 않은 시간의 뒷면과 앞면에 빛이 스며들었습니다
어둠에 파묻힌 검은 날씨의 활자를 씻어주는
그런 날이면 좋겠습니다
또 내가 그런 사람이면 좋겠습니다.

침묵하는 하늘을 바라보면서 두 손을 모아서
기도를 올리고 싶습니다
어떤 일을 끝내는 것보다 시작하는 일이 좋아서
새로운 취미를 찾아다니기도 하는 나는
집과 집 사이를 숲이라 믿는 새나 꼬리가 없어
꼬리를 모르는 고양이나 똑같았습니다
나는 뙤약볕 같은 생각만 해 오늘은 뜨거운 날입니다
또 침묵하고 싶은 나는 침묵을 몰라 침묵하지 못합니다
세상은 잠깐잠깐 착각하는 것들이 많아 창가를 멀뚱히 바라보며
내가 꼬리 잘린 고양이 같아
내 손을 고양이 앞발이라고 생각하고 잠깐 창문을 긁어 보지만
투명하고 정갈한 날씨의 알이 바람이 구름이 깔깔거리고
나를 비웃습니다
영창은 세상에서 앉아 있는 가장 긴 의자라면
배후가 없다고 명확한 것만 있다고
나란히 앉아 좌우를 살피는 것만으로도 행복해합니다
침묵이 오랫동안 사라진 허공
침묵이 사라져 더 침묵하다 말을 하고 있습니다.
한 손으로 또 두 손으로 침묵을 쓰다듬습니다.
내 손을 바라보면 네일아트를 한 손톱이 웃는 모양이라서 가지런히
손을 모아도 기도가 되지 않습니다

백사장이 보이고 백사장은 모래 구덩이가 가득합니다
날씨의 날개들이
모래 구덩이 속에서도 반짝반짝 빛나고 있습니다
침묵하면서 따뜻하고 따뜻하면서 침묵한
햇볕의 알이 되고 싶습니다
사랑받는 말보다 사랑하는 말을 배우고 싶습니다
두 손을 컵처럼 만들어 햇볕을 담아 보고 싶습니다
모래를 툭툭 털고 깨어난 햇살이
온 세상을 따뜻하게 비추고 있습니다
해의 껍데기는 아무것도 없습니다
억지로 껍데기를 주워야 한다면
그늘 속에서 찾아야 할 것 같습니다
솜사탕 모양의 드라이아이스 햇볕과 평생 함께하고 싶다
약속을 얼떨결에 했을 때
손 컵 모양의 손바닥 안에 하얀 해가
뽀글뽀글 솟아오르고 있습니다
오늘 날씨 맑음
나는 맑은 그 품 안에서 녹고 있다고 생각해 보았습니다

내 안의 난청

동굴에 가는지 극장에 가는지 나는 잘 모르겠고
여름이었고 통로가 긴 비상구가 등장하였지만
푸른색이 아닌 흰색이 아닌 붉은색인 듯 검은색인 듯
빛이 내부를 비추고 있었다
흐릿한 물상들의 나란한 머리통은 누가 바라보아도 뒤통수가
하나같이 똑같아 보였다
풀과 나뭇가지와 흙바닥이 없었다면
하늘은 한층 더 내려앉았을 것인가
잊지 않고 하늘을 높이 세워본다 땅 위의 머리통을 세워본다
이렇게 세상을 세우다 보니
커다랗게 자라버린 나를 어떻게 상량하지
어둠들은 웅성거리고 믿는 사람의 눈에서 야수의 험악한
눈빛을 볼 때 배우인 듯한 연기자는 열연하였다
극장인지 동굴인지 앉을 의자를 집어삼키는
붉은 늑대와 검은 고양이가 천사를 이겨 먹었을 것 같다
그래도 나는 보고 있다
천사의 편에서는 악마는 없고 악마는 흥미로워 보였다
엇각의 그늘 한 줌 너덜겅에 기어다니는 정도로
내가 느끼는 건 공포도 평화도 아니다
시베리아가 열대지방으로 넘어가고 사하라사막이 나타나고
목이 말라 몸이 타는 듯해서

하느님의 사랑을 믿는 나를 위해선지 하느님을 위해선지
물소리가 들렸고 미시시피강이 흐르고 양쯔강이 흐르고
태평양이 흐르고 대서양이 흘렀다
그 흐르는 물소리가 커서 더 이상 다른 소리는 들리지 않아
길의 방향만 우아하게 발을 길에 들일뿐
내 귓속엔 어지러운 소음으로 쌓였다 귀가 꽉 막힌다
귀가 꽉 막힌 나는 들리지 않는 세상의 소리를 듣는다고
벌컥 귀를 열어젖히고 있다 쾅쾅
내 좁은 문이 열리면 좋겠다
세상의 문자는 흙바닥과 풀과 나뭇가지에서
쉽게 지워지거나 쉽게 부러지지 않는다
어둠이 앞뒤에 서 있어도 나무도 풀도 가지와 풀잎에
다시 실타래를 감고 찰랑거리는 물소리를 풀고 있다
안개가 가득 엉켜 있는 물가 작은 샛길이
마을 쪽으로 희미하게 보인다
좁은 문은 열렸고
내가 걸어 나온 긴 미로는 다시 뒤돌아보아도 없잖아
빈 몸으로 서 있는 나무와 풀들 생채기에 하늘의 귀를 꽂아두고
가지와 줄기들은 푸른색 말을 하느라 팔다리가 바쁘다
붉은 늑대 검은 고양이 찾아봐도 보이지 않는다
익모초로 단 입은 쓰게 만들어 얼굴을 찡그려도 어색한 얼굴이 없다
마음으로 몸으로 그리는 생의 기적
옷 한 벌 입지 않은 느릿느릿한 맨몸의 자유

풀과 나무는 세상에 길을 만드는 저 푸른색 침묵의 수행자들
살아서 가는 길을 묵묵히 바라보니
푸른 외로움이 더없이 높디높은 하늘에
길이 왜 자꾸 자라나고 있을까
풀과 나뭇가지와 흙바닥이 없었다면
하늘은 한층 더 내려앉을 것이다
여름 내내 헤맨 의식과 무의식의 세계에 마침표를 찍고 가을이 와
우연히 가을에 만난 애인이
귤을 까먹고 싶다고 한다
엄마같이 뒤척거리던 애인
귤을 먹고 싶은 애인이 귤 같아서
다정 걱정 동정 다 하는 천사 같아서
새콤달콤한 애인이 좋아서
귤을 반만 쥐고 있으면 또 반달 같은 애인이 좋아서
왼쪽 손으론 손을 맞잡고 오른쪽 손으로
둘 다 반쪽 귤을 쥐고 있었다
달빛 위의 식사를 하듯
악마가 승리하는지 천사가 승리하는지 모르지만
내가 느끼는 건 천사의 소풍 같아
얼굴이 못생긴 사람이 부족한 그런 나는
애인 같은 걸 가져보려 한 적 없는데
그녀도 나도 서로 몸을 앞으로 당겨서 키스를 했다
죄를 지었을까 죄를 짓고 죄를 모르는 사람은 싫은데

새장 속의 새

검은 하늘이 수상했다
두드리지도 않았는데 물길이 열렸다
나는 얼마나 부드러운 진실이 내 속에 있는 줄 몰랐다
내 속에 눈물 한 컵쯤 되는 소용돌이가 휘몰아쳤다
바람이었겠지 파문이었겠지
심장이 귀에 달리지 않아 다행이었다
심장은 내 몸 깊숙한 곳에 있어
내가 진정될 수 있었다
꿈속에서 파란 이파리가 자라나는 중이다
내 속에서 숲속의 이슬같이 맑은 눈물이 솟아났다
내가 맑아질 수 있도록 무사해질 수 있도록
소를 몰고 온 아이들과 함께 구수한 흙냄새가 자욱했다

이제 나라도 인생도 내가 발을 뗄 때마다
사방에서 꽹과리 소리 자동차 경적 비행기 소리 몰려들었다
나뭇잎처럼 얇은 귀가 대체 얼마 동안이나 쾅쾅 소란에 흔들렸는지
때때로 비바람 불었고 대나무 잎사귀가 떨어져 나갔다
굵은 나무들까지 재채기했다

아무것도 아니고 시간이 가면 사라질 것들이
일만 년 전 아버지의 아버지가 주신 들판에서 들던 귀는
엄마와 아버지가 사라지고부터 소달구지를 타고 사라졌다
이슬방울 머금은 나도 그때 사라졌다

대체 얼마나 깊은 잠을 잔 걸까
터질 듯 터지지 않는 이 규칙적인 리듬 속에서
목숨은 무사했지만
무거운 벽에 짓눌려 무거운 문에 갇혀
비명으로 아우성치고 있었는데
주인은 숲이 없어도 괜찮다고 하고
내가 비명을 지르는지도 모르고 노래를 부른다고 즐거워했다

나는 새장 속의 새

그 이후부터
나무가 제 발로 숲을 떠났고
새는 울지 않았고 울 새조차도 없었다

내 안에도 내 밖에도 지질조사 개발 신고 끝났다고 하고
밤낮으로 소나기 쳤고
조금 더 따뜻해진 사람들의 말소리 사뭇 설레고 있었다
기자 양반 와서 거기서 더 안으로 더 들어가면 안 된다고
자연보호 구역이라고
이봐요 호통치며 말하기를
가장 중요한 건 개발도 발굴도 아니라고
호흡마다 부러진 도시는 서서히 죽어간다고
지구도 땅도 추락한다고
타잔의 함성을 담아두기 딱 좋은
바람 물 숲이 필요하다고
새순 돋은 잎사귀가 넘실대는 초록산과 들판은 설탕보다 달다고
신문 가득 밑줄을 긋고 토까지 달았다

이제 내 눈알 속으로 아파트 숲이 들어왔다
완벽한 새장이 만들어졌다
우리는 새 아파트로 이사를 했지만
이토록 완전하고 단단해서 딱딱한 콘크리트 숨을 쉬었다

가장 중요한 건 여기저기 사방팔방 온도가 상승해
나도 세상도 사막화 암각화 된다는 것
느린 속도로 유영하는 엄마도 어린 나도 없다는 것
졸음이 아직도 새끼줄처럼 감기는 건 어떻게 참아

들판 가장자리에서 들려오는 갈피리 소리 고요히 들려
감고 감은 내 귓속에
새순 돋은 것 같은 엄마 목소리도 들리고
밤하늘 헤엄치던 파란 별이 시골집 앞마당에 수북이 쌓이고
사방 벽이 아무리 짓눌러와도 산에 강에 들에 부는 바람이 있어
아직 푸른색 숨을 쉴 수 있다니까

어쩌다 나는 발목을 묶어둔 새가 되어
바람으로 영혼으로 돌아가지도 못하고
새장 속에서 몸부림치는 새가 되었는가
혁명가의 이름으로 욕심을 부리고 개발하고 건설하고
이렇게 못질도 무성한 철장에 갇혀
군데군데 사방 벽을 쪼아 긴 옛날 고향 노래를 부른다

거울 속에는

거울 속에는 내가 있소
항상 있었던 것처럼 그렇게 편안한 표정으로
집의 왼편이 오래된 빌라가
거울을 떠나지 못하는 것처럼 보였소
유독 무서운 여름철이 왜 그랬냐는 것처럼
세상에 컹컹거려도 거울 속에는
여름이 없었소
유독 시계가 아무리 시끄러워도 거울 속에는 시계 소리가 없었소
거울 속에는 말없이 많은 말을 하는 내가 살고 있었소
너 왜 그래 나 왜 그래 말없이 다투고도 있었소
거울 속에서 고요가 빛처럼 번지자 커튼이 보였고
커튼은 팔장을 끼고 창밖을 보고 있는 듯 아니면 나를 보고 있는 듯
거울을 보고 있는 듯 눈 없는 눈이 많이도 있었소
창문을 열어도 움직이지 않는 눈들도 많이도 있었소
거울 속에는 창밖을 가득 담고 있었소
숲의 한 편에 지지배배 지지배배 떠드는 새소리가 있었소
울다 목이 컥컥 막히는 늙은 새소리도 있었소
거울 속에는 고요가 번지고 있었소.
슬프지도 불안하지도 않은 고요가
거울 속에 앉은 먼지까지 마녀까지 슬프거나 불안하지 않았소
내 왼편 어디쯤 조용한 거울이 있소
말을 알아듣지도 못하면서 참 많은 말을 하는 거울이 있소

나무 돌

강 바다

풍경

창밖 벽

왼편 벽 오른편 벽

바람이 솟구치지 않는 안벽

그런저런 세상이 거울 속에 내 속의 내 속에 있었소

때로는 팔장을 끼고 때로는 뒷목을 쓰다듬으며 조용히 서 있는

내가 거울 속에 서 있소

그림 속 사람같이 말없이 말없이 나는 나의 벽 앞에 서 있소

나는 나의 거울 앞에 서 있소

내 얼굴이란 벽 앞에 내 세상이란 벽 앞에 창백하고

늙은 왼편 빌라 앞에

창밖을 가득 덮은 커튼 안에 있었소

지금은 없는 아내의 목소리도 얼굴도 있었소

오래도록 나를 떠나지 못해 항상 나의 오른편이었던

아내는 그 어디에도 없지만

오래도록 그곳에 있었소

갑갑한 시집살이 하던 아내의 맑고 깊은 슬픈 얼굴까지

거기에 숨어있었소

나를 견딜 수 없네

까만 어둠 헤집고 올라오는 둥근 꽃대 하나
꽃 피어나는 붉은 소리 들린다
그 끝을 무심히 따라가면 무수한 창문 열리는 소리에
3월도 5월도 시끄러워 견딜 수 없네

갈수록 7월이여
내 마음 뜨거워져
지는 7월인데도 견딜 수 없네

8월도 견딜 수 없네
무아지경 빛나는 것들도 견딜 수 없네
흘러가는 것들은 더 견딜 수 없네

모든 흔적은 욕망이니
아프고 아픈 것들이여
나도 너도 서로 어울리지 않는 곳에서
흐르고 사라지는 것들이여

산 너머로 던져버린 뒤 다시 떠오르는 달
그 침묵의 사유가 만발하여
나도 따라 엉겁결에 환해진다

울부짖듯이 불을 토해내는 7월 8월보다
데인 듯 화들짝 뛰어다니는 10월 11월을
나는 더
견딜 수가 없네

그래 누가 풀 속으로 걸어 나와
온 우주를 휘저으며 우는가
설마 저건 어젯밤에
내가 던진 돌은 아니겠지

알려졌으니까 모두가 알게 되었다

폭설이 삼켜버린 캄캄한 겨울
그 학생 죽은 거 알아

은하는 콜라가 콜라를 휘젓는 것을 본다
세계가 검붉은 소용돌이 속으로 사라진다
또 보겠지 맥도날드 명동점에서 아니면 PC방에서
검게 탄 그의 얼굴은 아름다울 거야
이상하지 충분히 기다리면서 얄서버그를 계속 먹고 있는 게
그를 먹고 있는 기분이 드는 건
가만가만 괜찮니, 괜찮아 나에게 자문자답했더니
말이 다리처럼 점점 버둥거린다
창가에 달팽이가 그늘을 만들며 지나간다
나는 한번 아니 두 번 세 번 열 번 나쁜 짓을 저지른 적이 있다
실험실에서 표본 통에 담겨 있는
개구리와 잠자리 나비를 망가뜨렸다
개구리와 잠자리 나비가 사라져도 내 죄는 표본실에 보존될 것이다
이런저런 물음들에 어떻게 대답했는지 나는 모르겠고
짝꿍이 온다는 시간은 지났는데
나는 아직도 기다림의 시간에 시달리고 있다

모든 것은 알 수 없다
밝혀진 것이 그렇게 많아도 또 세상에 밝혀진 것은 없다

콜라를 마신다
다시 콜라는 콜라를 휘젓고
나는 나를 휘젓는다
너무 단 콜라를 마셔 달아도 달지 않다
사고뭉치 콜라
콜라가 잠긴 하단으로 콜라에 시달린 컵이 통째로 우중충하다
잔의 둥근 벽면이 흰 설탕 꽃이 누워서 피어 있다
아니 하얗게 웃고 있다
달콤한 맛 달콤한 웃음
결국 사고뭉치 시간도 짝꿍도
마구 내 가슴을 뛰게 한 걸 다행이라고 생각해야 할까

붉은 듯 검은 듯 콜라는 뒹굴고
흰 듯 푸른 듯 붉은 듯 나도 컵 속에 뒹굴고
콜라잔에 파헤쳐진 내 입술이 담겨 있다

과학 선생님은 우주에 대해 말했다
모든 것이 나와 하나로 연결되어 있다고
개구리 잠자리 나비 새 개도
내장이 훤히 보인다고 다 꽃이라고
그때 남녀공학의 짝꿍과 내가 하나라고
그전까지 둘인 줄 알고
만나고 이야기했건만
둘 다 표본 통에 넣어서 하나인 것을 훤히 봤으면
우리에게 의심이나 변명이나 부정은 없었을 텐데
나선 은하를 빨아들이는 블랙홀에서 그와 내가
몸을 알처럼 둥글게 말아 같이 빠져나가는 모습을 상상했다

지금은 음악이 나오고 있는 명동점 의자에 코를 묻고 웅크려
혼자서 눈을 감는다
다정 노랑
동정 파랑
무작정 붉음
검고 흰 것은 항상 가부좌를 틀고 앉은 하늘과 땅
초록색 비상구 등만 맥도날드 명동점 이마에 박혀 있다

그 친구 죽은 거 알아
알려졌다 모두가 알게 되었다
나의 짝꿍은 더 이상 학교를 나오지 않았다
과학실에 작은 표본 통들도 사라지겠지
내장을 드러낸 채 바닥에 누운 콜라까지 다 사라졌다

폭설이 삼켜버린 캄캄한 겨울
하얀 내장을 드러낸 조용한 길에
허리를 구부려 눈 속을 헤치고 쓰레기통을 핥고 있는 고양이 위에
내 그림자가 들어가고 있다
잠시 후면
비늘 같은 땀방울이 맺힌 하루는 사흘이나 지난 듯
늘어진 얼굴로 이불에 코를 묻고 웅크려 불안한 눈을 감아본다
어디선가 그 학생 죽은 거 알아
소리 없이 귓전에 반복해서 울린다
한번 시작한 그 말이 멈출 줄 모른다

내 눈 속에 날 세우다 날 죽이다

그 누구도 시키지 않았지만
눈썹을 찡그리고 실눈을 뜬 날
더욱 마음을 안정시키고 싶었다
황사가 내 눈을 지나갔다
하나둘 고통을 담은 눈 안에 날이 서는지
모래가 나를 쪼는지 아니면 바람이 나를 부여잡는지
참아낼 수 있어도 나까지 버릴 수 있어도
내 속에 또 다른 차가운 바람이 덜컥 울음을 쏟아
주체할 수 없는 멈출 수 없는
내 속의 숱한 이물질들은 분주하게 펄떡거렸다

눈 안이 겨울 안개같이 희미하다
선택의 문제가 아닌 구겨진 이 차가운 바람의 세계
버리고 나오고 또 나오고 버리고는
멈추지 않고 흔들리는 고뇌의 바다
마음 부스러기가 섞여나온 눈물이 사랑이 미움이
모래가 되어 돌이 되어 가루가 되어 바람이 되었을까
모두 같아 보여도 같은 모양이 없는 하늘과 땅 바람과 물 불이 모여
돌을 가루로 만들기도 또 돌을 쌓아 탑을 만들기도 한다

주체할 수 없는 분노를 파도치는 사랑을
돌 속으로 웅크려 내 안으로 웅크려
들꽃같이 환하게 피어나는
나의 세계는 속으로 살기 위해 단단히 미소를 짓는다
안쪽엔 하늘의 낯선 햇살이 있어
다소 눈 안이 불편해도 다소 눈 밖이 불편해도
한 떼의 새 떼가 품어내는 함성은 영혼의 노래 미래의 모이
새들의 힘찬 날개의 퍼덕임에 와르르
세상이 문을 부수고 일어난다
다 지나가는 것들 하늘이 눈뜨지 않으면 세상에 길도 없는 것
내 안에 바람도 없고 내 밖에 바람 없다 스스로 최면을 걸어
눈을 감고 눈을 뜨고 수십 번 수백 번 했다
눈이 없다 내가 없다
눈 안으로 쉬지 않고 모래바람이 들락거려도 편안하다
나는 앞니가 조금씩 닳다가 다 닳아도 나는 달라졌다
주름져 깨어진 얼굴이 가득해도 하늘 품은 미소 짓는다
소리 나는 웃음은 또 다른 울음의 모양일 수 있으니까

꿈을 꾸는 물고기는 죽어서도 눈을 감지 않는다

오랜 공복에 넓고 메마른 허기를 느낀다
소년 소녀는 누구를 사랑하는지
납작한 몸을 둥글게 부풀리어
방울방울 쏟아진다
소년 소녀는 차갑고 어두운 동그라미가 되어
메말라 죽어가는 꽃병에
붉고 푸른 향기를 뿌리는 꿈을 꾼다
쏟아지는 물방울이 바닥에 누워 헐떡거리기도 한다
거리엔 쏟아진 물고기가 바닥을 기어다니기도 한다
세상에 온전한 것은
물고기의 배를 불리는 물방울과
물방울이 물방울에 의지하는 일과 숲이 산란하는 바람이다
평생 모래를 건너도 모래를 벗어나지 못한 발목의 높이를
넘실넘실 벗어나 높이 춤추며 쏟아진다
물의 심장을 본다는 것이 어떤 것인지는 알 수 없지만
물은 물로 운다는 것은 알 수 있지
물의 울음소리 들린다
내가 돌고 땅이 출렁이고
강물이 휘돌아 나가고
웅크린 조약돌 깨어나는 소리가 들린다

내 마음의 자취인가
내 마음의 노래인가
내 마음의 울음인가
또 웃음인가는 알 수 없지만
소년 소녀는 몸이 자라나고
소년 소녀는 몸을 열고
감수분열 하는 중이다
삼파장 오파장 전구에 불이 켜진다

두 명의 소년 소녀가 또 네 명의 소년 소녀가 되고
네 명의 소년 소녀가 또 열 명의 소녀가 되고
무한의 소녀가 무한의 입 맞추고 뺨을 맞대고
기쁘다고 소리를 지르고 있다
쏟아버리고 넘치고 가물가물 몰아치는
무한한 사랑을 고백하는 무한 우주의 꿈
푸른 바다를 향해 헤엄쳐 나간다
소년 소녀는 꿈을 꾸는 동안에도 무수히 태어나는 중이다
물고기는 물을 부르다 만 노래를 끝없이 이어 부르고 있다

시를 생각하면서 왜 씨로 쓰고 있냐고

시에 불이 떨어졌다고
불이 붙을수록 불이 붙지 않을 수도 있다고
시는 시이면서 또 시가 아니라고
부서진 화분에 테이프를 발라 두었다고
화분도 테이프도 꽃의 불붙는 뿌리를 이기긴 힘들 거라고.
뿌리가 허공 속을 허우적허우적 댔다고
어떤 것을 목표로 삼았다고
꽃이 피고 꽃이 지고
사랑이 피고 사랑이 지고
불화하나 화해하나 아이러니하게도 같다고
씨가 익었다고
시가 익은 뒤 하얀 컵에 옥수수알 쌓이듯이 차곡차곡 쌓였다고
시가 되기 전 씨가 되기 전
짜장면과 짬뽕 앞에서 결단해 달라고 고민하는 거라고
모두 불가마에 단련되기는 똑같다고
그게 그 소리인 줄 알아야 한다고
가는 실뿌리가 허공까지 날면서 꽃을 피우고 난 뒤 알게 되었다고
한 번의 망치질이나 하나의 고통만으로는 움쩍도 하지 않았다고
멈추지 않는 바람의 영혼에 뿌리를 심고서야
참아낼 수 없는 마음 부여잡고

주체할 수 없는 분노 주체할 수 없는 불꽃 정열
화분 위에 올려 멈추지 않고 들리는 내 속에 싹도 꽃도 정열도
환하게 피어났다고 투박하고 하찮아 보이지만
흙 부스러기 날리는 바람 속에서 해를 쪼고 물을 쪼아
꽃잎 하나하나 꽃씨 하나하나 제각각의 모양으로
꽃냄새 품은 향기 유난히 투명한 것 같다고
바람에 덜컥 꽃잎이 떨어지고
화분 속으로 잠시 쏟아지는 것이 있고
시인지 씨인지 다시 되돌려줄 수 있는
다시 일어설 수 있는 여지를 남겨놓았다고
격자 창문 밖 백지 하늘로 통하는 길을
툭툭 던져두었다고
잠시 시에
잠시 씨에 동그란 씨알들이 남게 되었다고
눈처럼 희고 배추보다 싱싱한 내일을 기약해 둔다고
소곤소곤 상자에 누웠다가 오늘보다
한참 어린 씨와 시를 내일 보자고
엄마가 종종 전화를 한다 밥 먹었냐고
밥 먹은 나를 재촉하는 엄마는 나보다 더 어린아이 같다고

배고프다 썼는데 배가 아팠다로 썼다

풀과 나무의 집에 왔다
배고프다 썼는데 배가 아팠다.
커서를 앞에 두고 마우스를 누르자
배가 안개 속에서 둥둥 떠다니고 있었다
뿔 뿔 나오는 생각을 가려워하는 나무들이 가지 많은 어깨를
파르르 몇 그램 드리우자 나무 냄새가 났다
내 발꼬락 냄새에
뿔 뿔 염소 뿔이 솟아났다
배도 없는 나무들은 뱃가죽이 등에 붙어도
배가 꼬락꼬락거리지도 않았고 깜빡거리지도 않았다
다시 뒤에 커서를 놓고 고프다 썼는데 배우다가 되었다
별들은 숨죽인 채 서 있는 나무를 향해 화풀이라도 하는 듯
솔 두른 날개로
나뭇잎을 때렸고
별들은 각기 다른 각도로 점점 넓게 퍼져나가
나뭇잎은 더 푸르고
반짝였다

나는 해가 지면 달을 줍는다 나에게 시가 되니까
제때에 눈물이 듬성듬성 노인 이빨처럼 나온다면 나에게 시가 올까
한때의 장미 울타리 같은 웃음으로 포개어진
젊음이 아름다웠다고 말해도
그래 옆구리 어디쯤 쭈그리고 있던 마음 덜컥 울음 한 줌 흘린다면

가게의 맥주병 달 가로등 아래 의자 달
자전거로 달리는 달을 마루에서
안방까지 가지고 온다면 무슨 향기가 날까 또 무슨 시가 될까.
그래 뭐든 버석거리고 잠깐 눈 한번 돌렸는데 칠십을 다 넘겨서
시간의 알맹이도 거품도 달달 잡아 삼켜버리고 마는 달달 달이라고
썼는데 다리가 아팠다 썼다
아이 몇몇 쏟아버리고 청춘 몇몇 쏟아버리고
장년도 몇몇 쏟아버리고
수년 전부터
책도 잊어버리고 모자도 잊어버리고 안경도 잊어버리고
새로 산 옷도 잊어버리고 있으니
이제 나까지 달달 쏟아버리고 말겠다

세면대 위에 틀니를 내려놓고 이빨이 없다 했더니
텅 빈 세면대의 바닥에서 나오는 싱싱한 물 냄새
하늘의 구름이 몰고 온 맨발의 물이 춤을 추고 있다
풀과 나무의 집에는 내가 없고
풀과 나무만 있다
풀과 나무의 집에서는 어떠한 결점도 발견되지 않았고
뿔 뿔
나는 시 씨앗을 골라 사막 같은 내 모니터 속에
풀과 나무의 씨를 뿌렸다
풀과 나무와 시도 모르면서

쥐구멍에도 볕들 날이 있다

이게 무슨 소리지
내가 이를 가는 소리인가
거울 속의 나는 아니고
내 몸도 얼굴도 입속에 이빨도 아니고
누가 이를 간다
잘은 들리지 않지만 잘은 모르지만
찍찍 쥐 소리가 앞으로 앞으로 나간다
나를 향해서 또 너를 향해서
저 겁먹은 소리
잘까 말까 또 찍찍
할까 말까 괜한 생각을 했나
후회할 때 나는 너는 이빨을 또 간다
말하는 소리 생각하는 마음 모두 쥐 소리였나
내 밖의 내 쥐 네 쥐 내 안의 내 쥐 네 쥐
놀라 너무 놀라 얼어붙어 숨을 쉬지 못할 때도
찍 찍 소리를 낸다

쥐 한 마리 쥐 열 마리
누운 쥐는 내용이 없다
숨어있는 쥐는 음흉하다
거울 속에는 아무 소리도 없다
소리가 없는 나는 분명 쥐가 아닌데
축축하고 썩은 냄새 나는
깊은 광에서 반짝이고 있는 날카로운 눈이
한쪽은 굶주린 채 웅크리고 있었지
또 한쪽은 포만 드러누워 있었지.

비상계단에 앉아 담배만 피우고 있었다
나는 담배만 피우는 동물일까
죽어라 담배가 나에게 왔는데
내가 내 속에 쥐를 잡으려고
독한 담배 연기를 피우지
안주도 없이 독주를 마시지

공장에서 빨리 일하지 않는다고
긴꼬리 흔드는 사장 쥐
눈치코치 몸치 일용직 쥐가
불평하다 찍찍거린다
우왕좌왕 몰려다니다 숨는다
무엇이 진실인지 애국인지 몰라 답답해 담배 한 대 물었지
쥐 쥐
독주 한잔 마시지
쥐 쥐
도시에 휘감긴 왁자지껄한 달빛이 그래도 재미있어
담배꽁초를 버리려고 쓰레기통을 찾아
이리저리 돌아다닌다
쥐 꼬리 같은 월급 받고도
결국 그 꼬리까지 잘리고 말았다니까
나는 이제 쥐도 아니라니까

캄캄한 방에서 노래가 흘러나온다
광장인지 그냥 광인지
그동안 많이 들어본
노동가가 우렁차게 들린다
다시
높은 벽을 오르다 떨어지고
바닥을 헤엄치다 하수구에 빠지고
떨어진 기억
하수구에 빠진 기억을 주입하자
어두운 광 속이다
이제 탈출할 기미가 보이지 않아
탈출을 시도하지 않았다
이제 무기력증에 걸린 나를 치료할 차례다

해변에 왔는데

하얀 드레스를 꺼내놓은 해변을 걷는다
바다를 헤엄치는 물고기들을 본다
밑바닥을 알 수 없는
너와 나의 사이에서 파도는 책장을 넘기고 물소리를 내면
끝없이 바다의 문을 연다
넘어가고 넘어오고 네 생각
쏟아지는 뿌연 빛 그 속에 너와 내가 있는 듯
꿈이라는 단어를 떠올리는 것만으로도
하얀 눈사람처럼 파다한 웃음소리가 내 머릿속에 끓어오른다
새의 진화는 바람의 형태와 비슷할까
살짝 졸고 있던 참이었고 풍경 따위는
내 왼손처럼 서투른 것으로 해두자
바다는 방울방울 포도도 돌도 아니다
네 가슴에 내 귀를 대었던 날 나는 불면증이라는 지병을 앓았다

너는 왜 그리 나는 또 왜 그리 말이 흔들렸고 발이 흔들렸고
마음까지 흔들렸을까
우리의 왼편도 오른편도 새처럼 지지배배 시끄럽다가
허공을 떠돌다가 일제히 사라지고 말았다
창가에는 아무도 없었다 기나긴 이별만 있었을 뿐
먼 대양을 건너 돌아온 건 네가 내가 아니었다
늙은 새처럼 날개를 접고 쓰러지는 생명을 다한 파도였다
모두 다시 태어날 것이지만
그 높고 낮은 숨 파묻혀 버린 해변 속 울림 떨림
물 울음소리 가늘게 떨리던 나와 나의 목소리도 이제는 없고
그때 그 허름한 민박집도 없고 된장국과 밥을 같이 먹던
내 머릿속에 있는 너만 얇은 옷을 입고 흔들흔들 내게 오고 있다
나는 바다와 네 뒷모습을 아직도 구분할 수 없다
두 손으로 머리를 감싸도 확신 없이 허술하기만 한 내가 서 있을 뿐

온몸에
핏줄을 감고
노래하는 석양
바다 카페에서 노래가 흘러나온다
바다도 하늘도 석양 속에 잠이 든다
그러나 아무 일도 벌어지지 않았다는 듯
등댓불 아래 간음을 하고 부서지는 나방들
콧노래를 부르면 여름밤을 오가는 남녀들
그중에 가장 희망에 벅찬 것은 등댓불 아래
하얀 머리카락을 휘날리는
점잖은 한 쌍의 노부부
마지막 한 걸음까지 같이 갈 듯
세상에는
그보다 나은 지혜나 능력도 없는 듯

세상을 매일 만나도 매일 꽃은 피고 지고
해변에 붉은 웃음이 그물처럼 던져지고
이따금 들리는 젊은이들의 간간대소 갈매기 울음소리 들리고
그 속에 고달픈 내가 긴 휴식을 취한다
뭔가를 움켜쥐었던 사람들이 두 주먹을 펴고 푸른 파도 소리를 따라
하얀 달빛에 해변을 걷는다
오래된 해변에 깊은 밤마다 또 수많은 미래가 있으므로
나는 그렇지, 그렇지 하면서 한 번씩 고개를 끄덕인다
새벽은 내 머리 위에도 손바닥에도 발바닥에도 담을 것이지만
내 마음 혼자인 것보다
내 키보다 몇 배나 긴 그림자를 더 견딜 수 없다
네 흔적의 상흔 때문일까
어두운 밤 파도가 네 이름을 토해내면
누워 있던 바다가 다시 일어난다

역에서

역은 발 디딜 곳을 찾는 곳입니다

이번 역은 매일매일 눈으로 먹는
따뜻한 꽃잎 역입니다
나무 풀이 몸으로 불을 켜고
타는 몸으로 슴슴히 향기를 뿜으며
색색의 꽃을 흔들며 살풋 그리운 듯 슬픈 듯
꽃밭에 내리면 됩니다

이번 역은 여름 역 초록 그늘 역입니다
온도가 올라가다 모세혈관에 불붙은 사람들을 열을 식히는
내리는 역입니다

다음 역은 눈빛마다 고운 가을 역입니다
내리실 문은 동서남북 타는 불 속에서
서쪽 문으로 내리시면 됩니다
바람처럼 아무 말 없이

세상이 얼어붙은 겨울 역은 하얗습니다
환한 달빛 속에 눈물의 사다리를 타고
가슴이 얼어붙어도 온 얼굴에 하얀 눈발이 휘두르고 있어도
새 움 틀 때까지
눈감고 입 다물고 한발 한발 오르면 됩니다

오늘 내 일기는 안개 끼고 구름 많아
역이 보이지 않습니다

역은 발 디딜 곳을 찾는 곳입니다

천사대교

누가 나도 모르는 도로를 만들었나
대교 위에서 발 딛고 내려다보기로 했다
미워하기도 했다
바다 위에 다리라
도시를 바다를 투명하지 않은 물속을
밤마다 내리는 달빛은 겨우 내 속에서 설경설경 익어가는 나의 시고
나의 여윈 몸과 다리리라
옷에 먼지를 털고 목욕도 하고 죄업도 벗고 요단강으로 가야 한다
까만 담요에 쏟은 우유
천사를 부려 먹을 하얀 늑대의 등과 같은 다리 밑의 아치 구조
경쾌한 음보들을 수놓은 서사들이 잔인한 전자 놀이 들이
내 발목을 붙잡는다
한 줄의 붉은 선과 두 줄의 흰 가장자리 선들이 유난히 반짝인다
그 옆으로 바다 위의 인도를 개까지 웃으며 걷는다
무작정 바다 상공을 대질러 가며 길은 모두 열려 있다
바다 따라 하늘 따라 떠돌다 손끝이 머문 시간은
육지와 바다를 잇는 몇 겹의 소리와 문장들은
먼 하늘나라 꿈을 꾼다

다리 밖의 많은 것들 소안도 비안도 증도 섬마다 역사가 있는
작은 교회들이 멀리 보인다
나무 바다 허공 하늘 모두 달빛을 타고 온다
길 밖의 길로 이어진 가까스로 놓은 천사의 다리
다리는 다리의 장단으로 오랜 발길 머물러있다

손톱뿌리 반달 속에 잠시 파도의 출렁임도
달리는 차량의 들썩임에 하늘과 땅이 흔들린다

벗을 거 다 벗어야 오롯이 남는 거라며
촘촘한 푸른 살빛을 빛내는 별
서늘한 빛들이 실밥처럼 터져 나와
하늘 높은 자리
고요한 자리
바람 구름 떠난 자리
관모冠毛 쓴 새처럼
펄펄 자유가 끓는 잘 닦은 하늘 속으로
훨훨 나도 날아오른다

황혼의 시

꽃이 지는 것도 꽃이 피는 것이고
꽃이 피는 것도 꽃이 지는 것이다

모락모락 붉은 김이 서리고 넘치는
저 붉은 고봉밥 고봉 밥사발 같은 꽃

마루 끝에 앉아 젖은 마음을 문지르는
동백꽃이 떨어지는 소리 팽팽하게 나를 부르고

저 넘쳐서 흐르는 눈물 젖은 붉은 그릇
어둠에 젖은 마음을 문지르는데 요긴하겠다